願いが叶う！スピ活のすすめ

スピリチュアルを活用して幸せになる

スピ活研究会・著

はじめに

本書を手にとっていただきありがとうございます。

誰もが幸せになりたいと願って生きていると思います。

やはり、不幸せよりは絶対に「幸せ」のほうが良いですよね。

その一方で「幸せ」の兆候を察知することは一部の霊感の強い人や凄腕占い師を除いては、なかなかとらえることが難しいというふうにも思います。

この現代は「スピリチュアル」という言葉が毎日どこかで見かける非常にポピュラーな言語になりました。

しかし、よく見かける割にその言葉の意味が意外に分かりにくいとも言えます。

スピリチュアルは目に見えない世界のことを言います。直訳すると霊性という言葉になります。

同じ、目に見えないと言われるものの中の一つに「幸せ」もまたは目に見えないと言います。

そこがスピリチュアルと幸福の不思議な関係だと私たちは思っています。

そう、この目に見えないもの2つを目に見えるものにすると何かが変わるのではないかー。

そう思い立ち、富士川碧砂、響燁宥澪、ニコール、こうの泰子、野田侑李、てとて、丸井章夫の7名で本書『願いが叶う！スピ活のすすめ』を刊行することにしました。

『スピリチュアルを活用して幸せになる』のサブタイトルの通りに、あなたが大いに幸運を引き寄せて頂ければ幸いです。

令和3年10月　スピ活研究会

願いが叶う！スピ活のすすめ
スピリチュアルを活用して幸せになる

目次

第3章　グレーな魔女が贈るタロットで運命を見極めるコツ（ニコール）

第4章　手相美人になって人生を変える方法（こうの泰子）

第5章　タロット占いの上手な活用事例と占い自体の効果（野田侑李）

第6章　身体から知るスピリチュアル（てとて）

第7章　シンクロニシティを活用して幸せをゲットしよう（丸井章夫）

第1章　富士川碧砂

無意識領域をリライトして幸運を呼び込む

自分自身をチェックして無意識領域をリライト!

無意識というととても難しく考えてしまいがちですが、私が考える無意識というのはもっとシンプルでわかりやすいのです。

(1) 自分が意識せずにやってしまうこと

(2) 気がつかないうちに、偏ってしまう生き方のくせ

と言うくらいの簡単さで考えていただければと思います。

例えば私たちは頭の中が悩みでいっぱいでぼーっとしていても駅から家までは道順を間違えずに帰宅することができますよね?

これは身体が記憶している道順に 無意識が働いているからなのです。

また人生で同じような失敗を繰り返すということはありませんか?

ダメンズに騙されて2度と同じような恋愛をしないと思っていてもまた同じタイプの人を好きになって痛い目に遭ってしまうことを繰り返す・・・。

これも無意識に選んでいる自分の人生のパターンです。

私たちは無意識に書き込まれた情報によって行動することがたくさんあります。無意識が記憶と密接に関連していることは間違いありません。

そもそも過去の記憶の歴史が無意識そのものだともいえます！

生まれてから現在まですべてのあなたの記憶はあなたの無意識領域にあるのです。楽しかったこと、辛かったこと、悲しかったことすべてが無意識の中の貯蔵庫にストックされています。

また無意識にストックされているのは感情だけではなくテレビやネットなどの情報や親の影響も少なくないでしょう。

私がオーラ透視で見ているのも無意識の情報なのです。

こういう風に言うと「それは富士川さんだから特別だよ」という人もいるかもしれません。

目には見えないものが見えるというと、怪しい感じに思う人もいるかもしれませんがみなさんも目には見えない情報を顔や空間物質などから日常的に受け取っているのです。

例えば物件を探している時に部屋に入った瞬間に何かいやな気がしたとか暗い感じがしたので聞いてみるとその部屋では過去に何らかのトラブルがあったなんて話を聞いたことがないでしょうか？

人は無意識の領域にどんなことが蓄積されてるかで現実世界に与える影響は大きく変わってきます。

普段は意識することのない「無意識領域」が実は想像以上に大きな影響をこの現実世界のあなたに与えているのです。

つまり幸せになるのも不幸になるのも無意識領域にストックされた記憶にかかっているのです！

記憶は過去のものなのだから、それじゃあ私は幸せになれないの？

ここまで読んでそう悲観してしまう方もいらっしゃるかもしれません。

幸せになりたいと願っても、それを邪魔する無意識の情報があるのも事実。

でもその不幸を招く無意識領域を幸せを招く無意識領域に変えることができる！

それが無意識領域のリライトなのです！

拙著『幸運が舞い込む浄化・邪気除け生活「スマホ風水」は最強の開運法』（さくら舎）にも詳しく書きましたが、このリライトという行為は私たちにとってとても大切で自分の無意識領域をリライトすることが幸運体質になるための近道なのです。

現実世界と無意識領域は双方向で繋がっています。

無意識領域は現実世界に影響を与える一方、現実世界を変えることで無意識領域をリライト＝上書き保存していけます。

無意識の情報を消すことはできませんが、上書き保存はすることができるのです！

皆さんは自分の環境つまり現実世界から信号を送っているとイメージしてください。その信号を上手に変えて無意識領域に送り込むその作業こそが無意識領域のリライトであり運がアップする秘訣でもあるのです。

たとえ忌まわしい過去があったとしても新しい情報をどんどん入れていけば、その情報が上書きされて現実世界へと影響を与え始めるのです。

けれどもそんな簡単に上書きなんてできるの？　と不安に思う方もいるかもしれま

せん。

携帯やスマホでの自分リライトは私が最もオススメする方法の一つですが、まだまだチェックしておきたいリライトのコツがありますのでそちらをご紹介することにします。

◎リライトは繰り返し刷り込むこと

記憶が長い間蓄積されたものなのでそれを変えていくためには繰り返し行うことが重要になります

◎意識が「境界」にあるときに刷り込むこと

「境界」は覚醒と睡眠の間でウトウトしている時や起きているのにぼんやりしている時のこと。そうした時間は無意識領域を書き換えやすいのです。

◎玄関は無意識領域を書き換える最適な場所

玄関は外の世界と内の世界の境界です。家に帰るとふとホッとして無防備になりますよね。ホッとして緊張が溶けた状態は「意識の境界状態」と言えます。

玄関に自分にとってプラスのイメージを喚起する絵や装飾を飾れば自分をプラスの状態にリライトできるのです。

◎瞑想や呼吸で深いリラックス状態になる

リラックスした状態は変性意識と言われ無意識に一番情報が入りやすくなっています。

そのときにポジティブな自分を思い浮かべたり、前向きなメッセージを自分に投げかけるとそれが無意識領域に届くのです。

◎しぐさは無意識領域を写すもの

例えば腕組みをよくする人。腕組みは「拒絶」。警戒心が強く騙されにくいですが人に心を開きにくいとも言えます。好きな人の前では頭の中で腕組みをとくイメージをしてみてください。俯き加減の人は自分に自信が持てないタイプなので自信のなさをリライトするには姿勢を変えることが大切です。

体の軸を意識して視線を上げる、こうするだけで暗いことを考えにくくなります。明るいことを考えようと思うよりも作り笑顔でも笑顔を作る方がプラス思考になりやすいのです。

運動やストレッチもオススメです！血液の循環を促すものが精神、ひいては無意識領域を循環させ健全にする作用もあるからです。

ただ余分な力が入る鍛え方は逆効果。脱力して柔らかい肉体を作ることを意識してみてください。

◎まずは口癖を変えてみよう

口ぐせもまたしかり。「でも」「だって」が多い人は無意識領域でも否定的な考えが渦を巻いてます。

まずは全否定の思考を変えて否定しながらも問題点を出し打開策を考えていくよ

うにすれば無意識領域も建設的な考えをするようになりますよ。

◎マイナスのことを思ってもすぐ言い直そう

私ってダメだな~とふと思ってしまうこともあります。

そんな時は「そう思ったけど勘違いでした笑~」と付け加えればダメという情報がダメだと思うことが勘違いという情報に無意識領域を上書きできます！


しぐさや口ぐせ、独り言は 自分では意外とわからないもの。

誰かから教えてもらって それを参考にしてみてください！

自分の周りの人に「自分アンケート」としてどんな口癖がある?とかどんなしぐさをしてる?とか聞いてみると思わぬ発見があるかもしれません。


自分のチェックをしてみて無意識領域をリライトして運を開いていきましょう！

4つのスマホ開運法で自分リライトをして運気をアップ！

開運法というと何か特別なことをしなくてはいけないと思っている方もいらっしゃるかと思います。でも本当はあなた自身の改革がとても大切なのです。

「病は気から」という言葉があると思いますがまさに運気をあげるのも気の持ちようなのです。

ではどのように気を持てばいいのでしょうか？私は普段、透視でいわゆるオーラを見ていますがこのオーラというものが人が普段意識することのない『潜在意識』の情報だと捉えています。潜在意識にはその人の本音や思い込みや刷り込まれた価値観、感情などの様々な情報が刻み込まれているのです。

今、私たちが生きている世界での出来事は全て天と繋がっている。占いの世界ではそう考えます。

流れを書いてみると天（星座）〜環境（部屋・スマホ）〜地（現実）〜人（潜在意識）全てはリンクして繋がっているのです。

今回はその中でも環境についてクローズアップしてみようと思います。環境というとお部屋などの片付けと思われがちですが、私はスマホ環境を整えることに注目し、富士川碧砂オリジナル「スマホ開運法」をお伝えしています。

スマホというとデジタルな要素が強いので開運などには関係ない・・と思っている方もいらっしゃるのではないでしょうか？

私は「スマホ開運法」には、絶対の自信があります。なぜならスマホ風水は実践的で成功の確率が高い、開運法だからです！！

今や一人に一台は必ず持っている携帯やスマホは常に肌身離さず持ち歩いていて、忘れると不安になる方も多いのではないでしょうか？

電話やメール、電車内での暇つぶしだったし写真を撮ったり予定を書き込んだりとスマホには自分の人間関係・スケジュール・思い出それだけでなく持ち主の思想や行動経験などそこには自分の全てが入っている・・・。まさに自分の分身と言ってもいいでしょう現代では自分自身の「環境」こそがまさにスマホなのです。

そんな環境だからこそきちんと整理すれば、いい運気を引き寄せる絶好のアイテムとなるのです。そんなスマホ開運法である『自分リライト』をオススメします。

先に説明した自分の心の奥にある潜在意識は現実にリンクしています。

人は自分で「自分はダメだ」とか「運が悪いな」と思ってしまうとマイナスのイメージに染まってしまいます。

そして実際にその思想が現実に反映してますますマイナスイメージに染まる・・そんな悪循環に陥るのです。

だからこそ、その悪循環から抜け出すために意識と心を良いイメージで書き換えてしまう。つまり上書き保存＝自分リライトしていきましょう。

そうは言っても自分の考え方を変えるのはなかなか難しい・・・そこで活躍するのがスマホなのです！！

これらのツールを使って自分リライトする４つの開運法を具体的に説明します。

①　待ち受けを自分の理想に変える

今あなたのケータイ・スマホの待ち受け画面はどんなものになってますか？

好きな人の写真や子供の写真　自然の風景やキャラクターなど様々だと思います。待ち受けは毎日何度も目にするところこの待ち受けをどのような画像にするかによってそれぞれ効果が違うのです。

例えばこんな女性になりたいと思う憧れの女優さんを待ち受けにしておけば、自分自身が少しでもその女優に近づこうと努力して似てくるものです

また住んでみたい・行ってみたい場所例えば、南の島の風景写真などであれば、その風景が持つ価値観が毎日見ている間に自分自身に刷り込まれていくのです。

ですので待ち受け画面は　自分の理想とする風景や人物などの写真にしてください。

この待ち受け画面の環境は家族や恋愛にも当てはまります。大切な家族・お子様の笑顔の写真を待ち受けにしている方も多いと思います。家族の笑顔がいつまでも続くイメージとなりますし恋愛が成就するイメージを持てる写真にすると彼氏や彼女の思いがより一層良いいい方向に増しますのでどちらもとてもオススメです。

② 悪い思い出の写真やメールは消そう

携帯やスマホは簡単に写真撮影ができるので、整理しなければいつまでも写真がたまっていきます。

その中には良くない思い出のもの後になって悪い思い出になったものもあるでしょう。

特に昔の彼氏彼女との写真が良い例です女性に多いのですが昔の彼氏が忘れられずにいつまでも写真を残してる場合があります。1枚ぐらいなら・・・と思ってずっとスマホに保存しておくその未練こそが新しい恋愛を引き寄せる妨げにもなるのです

本当に新しい出会いを求めるのなら思い切って昔の彼氏彼女は削除してください。

その際に大切なことがあります。必ず削除するときには「いい思い出をありがとう、さようなら」この言葉を口に出して言ってみてください。実はこれも自分リライトなのです。

写真を消すことがどういったことを意味するのか、自分自身に言い聞かせるわけ

です。別れてしまっても付き合っている間は良い思い出が沢山あったと思います。写真を消すのは恨みでも怒りでもなくて新しい一歩を踏み出すためなのです。

そうしてすかさず、まだ見ぬ未来の彼を思い浮かべて「ごめんね。消すの忘れてた！」と言ってみてくださいね

③　登録している名前を変える

スマホの連絡先や今だとＬＩＮＥの登録の名前をそのまま登録してませんか？なんとその名前を少し変えるだけで運を引き寄せることができるのです！

例えば上司のＡさんの名前を「いつも仕事をサポートしてくれるＡさん」、好きな彼のＢくんの名前を「私を大好きなＢくん」など待ち受けの時と同じように自分の理想や感謝を込めてプラスの名前に書き換えてみてください。

通知などで出てしまうと人に見られたら恥ずかしいということであれば、メモ帳欄だったり見えないところに書いておいても同じ効果を得ることができるので大丈

夫です。要はプラスに置き換える行為自体が大切なのです。そのように登録した時点で自分リライトは完成しているのです。

④　1日1枚の自撮りで日々の変化をレコーディング

人は一日として同じ顔ではありません。当然年もとりますし体調の良し悪しや感情にも左右されるでしょう。だからこそ、その日の自分の顔と翌日の顔が違うことを写真を撮っておくのです。

自分自身を客観視することで自分が今必要なことが自然と分かってきます。

画面を眺めると常に一番新しい自分を自分自身に上書きする効果があります。

例えば「少し太ってきたな～」「むくみが取れてきたな～」「顔が明るくなったな～」とか様々なことに気づくことができるのです。

しかしダメな時の自分をいつまでも残していると逆効果になってしまうので、一定期間チェックしたら、なかったことにして削除して下さい。

以上４つのスマホを使った 自分リライトの方法でした。

実はすぼらな私ですが、この開運法で４ヶ月で１７キロのダイエットにも成功したことがあります。

皆様もすぐ実践できるスマホ開運法是非試してみてくださいね。

開運お掃除風水のススメ

自分の努力や学びも必要ですが運を引き寄せることもとても大切です。

運がいい悪いというのは偶然ではありません。意識をしていくことでいい運はやってくるものなのです。

開運の秘訣はたった2種類。出すことと入れること。

出すのは悪い運、入れるのは良い運。いいものを入れて、不用になったものは出す。この循環を意識することで運命の輪が回り始めます。どちらかが滞っても回転は止まってしまいます。常に循環させることが開運の秘訣になるのです。

ではいい運を入れるためにはどうしたらいいのか？運というのは出さなければ入ってきません。まずは「出す」ことに意識を向けてください。

頭の中で「器」をイメージしてみましょう。それはあなたの「運の器」でその器には半分ぐらい水が残っています。その残った水には、あなたの過去の捨てられない思い、しがみつき、執着、未練・・そんなマイナスのエネルギーが入ってます。まず残っている水を捨てましょう。

そうしないと「開運のプラスの水」を注ごうとしても、器の残り半分の量しか入らないからです。

水を捨てることが出す作業なのです。出すためにはどんな作業が必要でしょうか？それは一度自分の持っているものを見直す作業です。どんなことでも、まず整理して無駄をなくすことが第一歩です。

自分の部屋を見てみてください。片付けたいとは思っても、どこから手をつけていけばいいのかわからないと部屋が散乱して、整理しようにもどうにもならない状態の方もいるのではないでしょうか？

毎日汚い部屋で生活をしていると、その散らかっている状態が無意識領域に浸透していって汚い空間が居心地のいい空間だと思うようになってしまうのです。

そうするとますます掃除をしなくなってしまいます。

また部屋に物が散乱していると、そこには新しいものも入ってこなくなり人も呼べなくなってしまい、ツキが入る余地がありません。

ですから一刻も早くいらないものは捨てて　部屋を綺麗にしてください。


この機会にぴったりのお掃除風水についてご紹介いたします。

大きなポイントは２つです。
（１）絶対にきれいにするところは、玄関と水回り
（２）片付けは、きれいにするというより、空いた空間を作る

玄関は家に入ってくる運気の通り道です。こちらが汚いと運も入ってきません。

「玄関入って、すぐ目に入るものは、大切！」

玄関に入って、まっ先に見えるものが、その人の意識をかなり左右しています。

玄関は内の世界と外の世界の境界空間。帰宅して我が家の玄関に足を踏み入れる時はふと緊張が溶けて無防備になります。

まだ左脳が働く前に、ポンと入ってくる映像は、潜在意識に深く刻み込まれてきます。その後の考え方を変えようと思っても、なかなか払しょくできませんよね。

そのことを頭入れて、とにかく家の玄関はきれいにして、玄関をあけてまず目に入るものを、自分にとってのプラスのイメージを喚起しましょう。

例えば絵や装飾品を飾ることで自分をプラスの状態にリライトできるのです。まずは玄関を綺麗にすることを始めてみてくださいね

また、金運アップには水回りがとても大切。

水まわりをいつでも清潔に保ち、水の流れを良くすることが必須です。風水で水は金運にはとても重要。『循環する水の流れ』が財を呼ぶので水回りを汚れたままにしていると、その場所の気が停滞して澱んでしまいます。

水が流れる場所である排水口の掃除をすることも、金運アップには欠かせません。特に、お風呂の排水口は汚れが蓄積しやすい箇所です。お風呂は邪気を洗い流す場所でもあるので、水の流れが滞らないよう、徹底的に掃除をしましょう。

また空間に関してですと本棚、洋服は、びっしりと並べないこと。そのために、使わないものは捨てる。その空いたところに、新しい気が入ってくるのです。また寒本も、数冊分の空間を残し、そこにちょっとした飾りを置くと良いです。また寒い冬に向けて健康運もアップしたいところ。

そのためには寝室が開運風水のポイントになります。

特に、ベッドの位置に注意してください。ベッドの頭のところに梁がある場合は注意が必要です。

その他にも、

①ドアとベッドの頭を置く位置が向かい合っている

②鏡がベッドを映している

③頭を置く位置の方に窓があるなどの場合も、ベッドの配置換えを考えたほうが

良いでしょう。

健康運アップのために枕・シーツは疲れた気を吸い取るので、こまめな洗濯を心がけてください。寝るときには ジャージや、部屋着のまま寝るのは厳禁。きちんとパジャマに着替えましょう。

パジャマに着替えることで、寝る体制にスイッチを切り替えることができます。枕元のベッドサイドテーブルに時計を置く場合は、デジタル時計がオススメ！針が動くアナログ時計は置かないようにしましょう。

「動く気」が、心身の安らぎを妨げてしまうのです。寝室の置物でおススメ風水グッズは「ひょうたん」です。ひょうたんは、病気など悪い気を吸い取ると言われています。

健康には私たちの体にも循環が大切です。体に良いものを取り入れて、不用なものを出す。ただし、入れることばかりで出すことをしなければどうなるでしょう。出さなかったものが体の中で腐敗して 健康を脅かします。出すことがうまくいっても いいものを入れなければ、新しい元気な細胞は作られません。

まずは深呼吸をしてみてください！！息をゆっくり吸って、ゆっくり吐く。新鮮な酸素を体内に取り入れ、不用なものを出す。この呼吸の繰り返しは循環なのです。深い呼吸を心がける今話題の『マインドフルネス瞑想』も心と体を整えるためにとても効果的です。時間がない方は、深い呼吸を心がけて、体内の気の循環を意識してください。健康運アップにもつながります。

また自然の気を取り入れることもとても大切です。パワースポットに行ったところで深呼吸をするのもオススメです。またどうしても片付けられない方の思い切った解決策として、引越しを考えるのも良いかもしれません。

引越しをするためには　必然的に物を整理する環境が生まれます。

不用なものを出してしまって開運を呼び寄せる風水グッズを取り入れるきっかけにもなりますよ。

あなたができることからいい運を入れていきましょう。

内面が変われば、まわりも変わる！　これはスピリチュアルでは決まり文句ですが、外面を変えることで内なる世界も変わるのです。

【著者紹介】**富士川　碧砂**（ふじかわ・みさ）

占い師。声優。東京中野区の呉服屋の娘として生まれる。一九九七年、突然の臨死体験を機に、霊能者である祖母の能力を受け継ぐ。その後、各種占いの研鑽を積む。その的中率が話題となり、マスコミで活躍。

フジテレビ「とくダネ！」のレギュラー占いコーナーやフジテレビ「突然ですが占ってもいいですか？」などに出演し話題沸騰。現在、予約は2年待ちの人気占い師。

占いコンテンツ「魂の憑代」は累計50万人のユーザーを誇る。

真言宗阿闍梨、香司、和柄研究家として和の開運法も伝えている。

声優としては、青二プロダクションに所属し、35年のキャリアを持つ（芸名　寺瀬今日子）。

代表作は、フジテレビ「とくダネ！」やテレビ朝日「日本視察団」のナレーション、「進撃の巨人」モーゼスの母役、ゲーム「メタルギアソリッド」メリル役など。

主な著書に、
『幸運が舞い込む浄化・邪気除け生活 ―「スマホ風水」は最強の開運法』（さくら舎）『開運和柄ぬり絵』（サンマーク出版）、『ちび魔女ねこぴと48人の女神 うらないパーフェクトＢＯＯＫ』（小学館）、『神さまを100％味方にする 開運和柄 日本人のＤＮＡに秘められた《願望物質化》』（ヒカルランド）、『運を操る魔法「無意識領域」のリライトで幸運体質になる！』（扶桑社） などがある。

公式サイト等の情報はこちらです。
https://lit.link/fujikawamisa

第2章　響燁宥澪

神様に愛されて幸せになれる4つの習慣

この本をお手に取ってくださってありがとうございます。

サイキックヒーラーの響燁宥澪と申します。

今ではサイキックヒーラーとしてお仕事をさせていただいていますが、それまでは二十年ほど看護師として働いていました。


私は元々、子供の頃から、妖怪や天使、神様が見えていましたし、動物や花と話をしていました。

ほぼ毎日のようにそういう経験をしていたので、わたしにはそれが当たり前のことでした。

ですから、皆も見えているし、話をしているけれど、世の中ではそれを周りには言わないだけなのだと思っていたのですね。

しかし、少しずつ皆には見えないのだということがわかってくると同時に、そういったものが見えることを下手に口に出してはいけないことだという認識もできました。

見えたり、聞こえたりするのは神様や動物だけではなく、相手の魂の声も聞こえます。

その魂がどうしても本人に伝えてほしいことは、わたしに強く働きかけてくるのです。それを伝えるまで、ずっと話しかけてきたり、何回もその人に会わせたりするのです。

そして、そういったタイミングでお伝えした言葉というのは、その方にとって大きな人生の転機となった場合が多くありました。

人生に起きている色々なことには様々なメッセージがあって、それらすべてが必要なことなのです。

その時には大変な、辛いと思うこともたくさんあるでしょう。

人間関係だったり、仕事だったり、どう進んでいいのかわからない、ということもあるでしょう。

でも、それがすべて自分へのギフトであることが、いつかわかるでしょう。それぞれの出来事からの学びが、点と点がつながり一気に人生が開ける、人生はそんな風にシステム化されているのです。

運命の出会いもそうです。

運命の出会いも、書き出したり行動したりすることで点と点がつながり、運命の出会いを引き寄せることができるのです。

書いている時にワクワクする、これがすごく重要です。このワクワクは、実は未来を先読みしているのですね。

ただ、この時に「いや、そんなはずない」ということを思ってしまうと、そちらの恐怖心が採用されてしまうので、書く時には思いっきりワクワク、笑いながら書いてくださいね。

恋愛だけでなく、人とのご縁や仕事、金運も引き寄せられるようになりますよ。

恋愛で言えば、赤い糸は本当にあるのです。

実は、赤い糸がつながっていても、必ず結ばれるとは限らないのです。

頭では結婚したいと思っていても、心の中に結婚したら制限されてしまうから結婚したくないという思いがあると、赤い糸がつながっているのにその糸がさーっといなくなってしまうのです。

中には赤い糸が一本しかないという方もいらっしゃって、そういう方には本当にそのご縁が来た時に結婚していただきたいと思っています。

赤い糸が一本しかない方でも、スムーズに結婚できるかというと必ずしもそうではなくて、色々な問題があることもあります。

この時、ぜひ自分の気持ちを一番大切にしてください。

人を優先して自分の気持ちを後回しにしてしまうと、神様からの後押しをお断りしてしまうことになってしまうのです。

自分の気持ちに正直になって、無理をせず、相手に合わせ過ぎない。これは本当に大事です。

無理をするのはストレスが溜まりますし、ストレスがたまると自分の波動を下げてしまって、運気まで下がってしまいます。

ですから、自分がどんな風に幸せになっていたいのかをイメージして、そしてワクワクしてハッピーでいてくださいね。

神様はそういう、嬉しいとか感謝の気持ちを持っている人のところに後押しをくださいますから。

神様に愛される方法

あなたは神様に愛されたい、と思っていますか？

この本を読んでいらっしゃるのですから、さらに愛されたいと思いますよね。神様に愛される方法、それはズバリ「波動を上げる」ことです。

これから、波動を上げる方法について、三つのことをお話していきますね。

波動を上げるまず一つ目の方法は「褒める」ことです。

相手のいいところを見つけてあげる。好きな人のことであればいいところを見つけるのは簡単だと思いますが、中には嫌いな人もいると思います。その嫌いな人でも、その人の一部分、例えば髪のツヤがいいですとか、まつげが長い、とか。性格ではなく、パーツでいいのです。悪いところしか見つけられないと、波動がどんどん下がってしまいます。するとネガティブなものしか来なくなってしまって、良くないことばかり起きてしまいます。ですから、どこかいいと思える部分を探してくださいね。

時には、忙しくて辛くて、人のいいところを見つけることができない日もあると思います。そんな時には、自分を褒めてあげてください。

今日がんばった自分を褒めてあげる、今日の化粧ノリ最高だったね、ということでいいのです。自分がナルシストだなと思うくらい、大袈裟に褒めて大丈夫です。自分ってかわいい、素敵、格好いい、という感じで自分褒めをどんどんしてあげてください。自分を褒めてあげるというのは、細胞レベルで自分で自分にひれ伏している状態なのです。つまり、褒めている細胞＝褒められている細胞ということになり、細胞がどんどん元気に活性化していくのです。自分で言っていて恥ずかしいと思うかもしれませんが、褒めることで細胞のエネルギーが上がって、波動が上がりますよ。

笑顔でポジティブなエネルギーであふれている方。笑うのが苦手という方でも、作り笑いで口角をきゅっと上げているだけでも大丈夫です。神様はそういうニコニコしていて明るい波動を持っている方のところに、どんどん手を差し伸べてくださいます。

二つ目ですが、波動は身に着ける色でも上げることができます。色の影響は強いです。首回りやTシャツ一枚だけでも、そこだけは明るい色がいいですね。

いい色が顔周りにあると顔映りも良くなりますし、色の意味を知って、その色を持ってくるだけでその波動を味方につけられるのです。

お勧めの色は、やはり明るい色です。ピンクや黄色、水色、緑などのパステルカラーのものがいいですね。パステルカラーが似合わないという方は、カラー診断のサマーやウインターといった自分に合う色で大丈夫です。

そして自分に合う色の中で、くすみのない色を選んでください。

くすみとはどういうことかと言うと、例えばキャメル。金色を思わせるような茶色でも、実際のところ、茶色はくすんだ色なのです。

特にダークに偏っている色は波動を下げて金運を下げてしまいます。茶色でも、きれいな黄金色に近い色でしたら大丈夫ですよ。

他に避けた方がいい色はグレー。

グレーを着ると、自分のオーラが消されてしまうのです。

グレーは黒と白が混ざった色で、自分の波動やエネルギーを下げてしまうのですね。恋愛に臆病だったり、自分に自信がない時はグレーを着てしまったりします。グレーはおしゃれで使いやすい色と言われますが、折角着るのなら単品で黒か白を着ていただくのがいいですね。

グレーを着たい場合にはできるだけ下半身にしてください。

なぜかというと、エネルギーは上へ上へと上がっていくのですが、存在を消してしまうグレーの効果で、そのエネルギーが消えてしまって、いい縁が来ても消えてしまったりするのです。

グレーが大好きで、グレーしか着たくないという方は、ぜひ首周りに自分の肌に合うピンクのものを付けてください。

ピンクでなくても、オレンジや黄色など、きれいな色を顔の周りに持ってきていただきますと、グレーが和らぎます。

特定の波動を味方につける色もお話しますね。

恋愛系でしたらピンク系やきれいな紫、水色。いきなりピンク色の服はハードルが高いと思われましたら、アクセサリーやバッグ、キャミソールからでも、自分に色の波動が入ってきます。

キャミソールにピンクを着ていると、外は黒などの違う色を着ていても、中からピンクの波動が出ていきますよ。

恋愛を成就させたい、素敵な人と出会いたい、今の相手とゴールしたい、という方にはきれいなピンク、美しい紫、きれいな水色をおすすめします。

紫もそうですが、水色というのは波動が高い色の一つで天界の色とも言われていますので、身に着けるといいですね。もちろん男性も一緒です。

赤系の色は波動を活性化させてくれる色ですので、そちらもおすすめです。

特に秋になりますと、葉が枯れていって冬になる時で太陽の陽のエネルギーよりも陰のエネルギーが強くなってくる時期になります。

そういう時に臙脂や赤系の色を身に着けることで運気を上げることができます。

勝負の時や仕事で成果を出したい時、運気が低迷しているなと思ったときにも、赤色はとてもいいですね。

男性でしたら、ネクタイやハンカチでも大丈夫です。


模様にも注意が必要です。

縞模様でも、ストライプとボーダーでは違うのです。

ストライプは運が流れるので、スーツで濃い目の紺やグレーだとしても、ストライプですとエネルギーの停滞がなくなり、スムーズに流れるようになります。


反対にボーダーは、運が横に流れて掴めなかったり、いいところまで来てもそれが流れてしまうのです。

ですから、ボーダーの服は思い切って断捨離して、いい出会いや仕事のご縁などを掴んでもらえたらと思います。

三つ目は食べ物です。

旬の果物は運気を上げてくれると同時に、自分の波動も上げてくれます。身体にもいいですしね。もちろん果物だけでなく、旬の食べ物もいいです。春のタケノコ、夏の茄子や胡瓜、秋ならば南瓜や梨が上げられます。

みかんもおすすめです。柑橘類は食べるのも香りも金運を呼び寄せてくれます。香りで言えば、オレンジスイートやグレープフルーツもいいですね。金運にはもちろん、男性にはスペースを解放してくれる効果がありますし、女性にはストレスを発散しつつ、縁を結んでくれる香りなのです。

お肉ですと、金運も人間関係も、開運も叶えてくれる食材は鶏肉です。唐揚げやたたき、焼き鳥など、たくさんのおいしい食べ方ができますよね。ぜひ食べられる時には食べていただきたい食材です。

その次は豚肉。牛肉はここぞという時においしいものをいただくくらいで十分です。実はスピリチュアルの観点で言うと、四つ足の動物は良くないのです。

豆類もおすすめですよ。

神様に願いを叶えてもらう参拝方法

この頃は神社ブームで、神社参拝に行かれる方も多くなりました。
でも、むやみに色々な神社に参拝してもお願いは聞いていただけないのです。
折角でしたら神様に応援される参拝をしていただきたいですし、ここからはそのお話をしていきます。

まず大切なのは、日頃から氏神様や住んでいる所の神社にお参りすることです。神様というのは、氏神様で顔見知りになっていないと、他の大きな神社に急に行ってお願いをしても聞いていただけないのです。

実はお願い事は三つのボックスに分かれて入ります。「聞いてくれるボックス」「保留ボックス」「聞かないボックス」です。保留ボックスの場合、そのボックスの中身を見てくれるかもわからないボックスなのです。ですから、聞いてくれるボックスに入った方がいいのですが、そのためには氏神様と仲良くなっておく必要があるのです。

日頃から氏神様に参拝して、お願い事だけでなく報告もしていると、神様も「いつも来てくれている子だな。頑張っているな。」となり、他の神社でお願いをした時に氏神様が「この子はいつも頑張っているから、聞いてあげて下さい。」と氏神様からもお願いしていただけるのです。

月に一度でもいいですから、参拝されると氏神様に顔を覚えていただけますよ。神様に報告される方は少ないですから、日頃から参拝して報告することで神様はとても喜んでくださいます。そうすると神様ポイントが上がり、自分の霊格も上がります。霊格が上がるということは、自分の運気も上がり波動が高くなるので、出会う人も波動の高い人と出会っていけるようになります。

こういった小さな積み重ねが、神様は大好きなのです。

旅行等を計画して参拝される際にも、旅行前に行ける時に氏神様に参拝していただき、帰ってきたらまたご報告されるとさらにいいですね。神様に愛されている方の場合、行く前からいい事があったりします。その時には、神様から愛されている、応援されているということを感じてくださいね。

逆に本当に行けるのかなという時には、何かちゃんとしていない事があって、神様からのお叱りのサインと思ってくださいね。

そして、神社の入り口の狛犬。彼らはただ門番をしているわけではないのです。狛犬は御遣いですから、彼らと仲良くなっていると、彼らからもお願いを叶えてあげてください、と神様へのお伝えもしてくださるのです。また御遣いですから、わたしたちの状況を神様へ報告してくれたり、後押しのタイミングを伝えてくれたりするのです。面白いですよね。

参拝の時間帯ですが、朝早い時間帯に行かれるのがいいです。できれば、日が昇るくらいの時間帯に行かれると、場が浄化されていて全く穢れがない状態で、一番エネルギーが高いです。時間としては、午前七時や八時になります。

氏神様でしたら、朝のお散歩がてらに行くのもおすすめです。

ここぞという時には、午前九時までには入られるといいですね。大きい神社ですと、折角いい場所で午前中にもかかわらず、人が多くて気が乱れてしまって、何だか疲れてしまうことがあります。ですから、障りのない時間帯に入られることが、神様とより一層仲良くなれて、朝日のエネルギーと浄化されたエネルギーの、一番良いエネルギーで全身パワーアップできるポイントなのです。朝早くに行くことで、神様も朝早くからよく来たね、と喜んでくださるのです。

午後以降というのは魔の時間に入っていきますので、できれば午後四時以降はあまり行かれない方がいいです。大きい神社であれば四時以降も大丈夫なところもありますが、小さな神社ですと違う怖い存在がいたりするからなのです。そうすると、余計なものを拾ってしまって大変な目にあってしまうことがありますから、お昼くらいまでに行けない場合は無理して行かず、「今日はいけませんでしたが、近いうちに伺いたいと思います」と手を合わせていただけたらと思います。すると神様もわかってくださいますよ。

参拝でお願い事をする時ですが、この時もお伝えの仕方にポイントがあります。まず、住所、氏名、年齢をお伝えしてください。その後にお願い事を言います。ただし、このお願い事は「〇〇が上手くいきますように」では漠然としていて届きにくいのです。

「自分がこの仕事でより一層輝きたいので、よりいい仕事をできるように後押しください。サポートをお願いします」という形でお願い事をしていただきますと、神様がより輝ける仕事を後押ししてくださいます。

すべて丸投げするのではなく、自分がこう頑張っているのでこの部分を後押ししてくださいい、協力してくださいい、とお願いすれば、神様はそれに合わせて助けてくださいます。

金運も同じです。

神様にとっては百円も百万円も同じです。ですから、金運アップしたいです、とお願いしても、神様にとっては給料を貰えているからいいでしょう、となってしまうのです。

ですから、「こういう風にお金が入ってきて、家族とこういうものを食べたいので契約できるようにサポートをお願いします」とお願いしますと、そのような流れが準備されていきます。

宝くじでも、ただ「当たりますように」ではなく、「家族を幸せにしたい」ですとか「社会貢献したい」といった明確な理由を付けてお願いするといいですね。こうしたい、ああしたい、を素直に伝えてください。

宝くじで当たりたいとお願い事をして神様が叶えてくれる場合でも、小さな額から当たっていきます。三百円当たった場合に「全然当たってない」と言うと、神様から見たら「当てたのに」となってしまうのですね。ですから三百円でも「神様ありがとうございます。次はもう一桁、二桁」というように報告すると、神様ポイントが付いて金運アップさせてくれます。

また、神社に行かれた際には、御祈祷していただくといいですね。特定の願いがないということでしたら、諸願成就や開運などで御祈祷をお願いされたらと思います。そうすることで、神様とより一層仲良くなることができます。

人それぞれ、相性のいい神社、そうでない神社があります。神様との相性もありますし、場所との相性もあります。ですから、他の人はいい事が起きているけれど自分だけはあまりというところは、相性が合わなかったのかもしれません。

何となく肌感が合わない、ちょっと違うなと思ったら、そういう素直な気持ちをベースにしていただいて、軽く挨拶だけして帰ってもらって大丈夫です。

ここすごく大好き、という神社でしたら、ぜひ手水で手を洗うだけでなく、持っているアクセサリーを一緒にお清めさせていただいたり、ペットボトルなどに少しお水をいただいて御神水としてお家で使っていただくと家の中でもご利益をいただくことができます。

天使からメッセージを受け取る方法

参拝しないと後押しをもらえないのかというと、それだけではないのです。わたしたち全員に、必ず守護天使がいらっしゃいます。守護天使に聞くと、自分の使命や、何のために生まれてきたのかもわかります。

守護天使は見えないし聞こえないので自分ではわからないと思うでしょうが、実はメッセージを送ってくれているのです。例えば、街を歩いていて街路樹を見た時に木漏れ日がキラキラして何かきれいだなという時はありませんか？　この木はキラキラしていたけれど、こちらへ来たら光は差し込んでいてもそんなにキラキラしていると感じない時。このキラキラしている時というのは、実は天使がここにいるよ、傍にいるよとメッセージを送ってくれている時なのです。それをキャッチして、キラキラしてきれいだなと気づくと、天使は喜んでくれます。

他にも街灯の周りに虹のような光が見えたり、車のヘッドライトで虹のように見えたり、これも天使が傍にいるサインです。朝窓を開けた時のキラキラした感じもそうです。日常の小さなメッセージを受け取って、天使の存在を感じてください。

エンジェルナンバーも、天使からのメッセージです。天使はいつも傍にいて応援してくれているのです。

ただ、応援してもらうだけではなく、味方になってほしい時もありますよね。その時には、天使に「天使にお願いです。これに対して協力してほしい、お手伝いしてほしい」と伝えていただくと、天使も頑張ってくれます。すると、物事がスムーズに進んだり、チャンスを作ってくれたりします。天使はお願いされないと、ただ傍にいて見守って応援するだけですから、味方になってほしい時はそうお願いすることが重要です。

その後には天使にお礼をして、褒めてあげてくださいね。そしてお願いできた自分も褒めてあげてください。そうして、どんどん仲良くなっていてくださいね。

後押しを得る習慣

月一回氏神様に参拝してご報告する、天使の存在に気づくことはもちろん大切ですが、日々のことでも後押しをいただくことができます。朝起きた時や夜寝る前に、守護天使や神様、仏様、ご先祖様に挨拶をするということ。朝は「今日はこういう仕事があり、頑張りますのでよろしくお願いします。うまく回るようにサポートをお願いします」と心の中でお願いしても、声に出してもいいです。

夜には「今日も一日ありがとうございました。明日も大きな仕事が待っていますので、いい仕事ができるように調整をお願いします」と感謝して寝るだけでも、寝ている間にエネルギー調整をしてパワーをチャージしてくれます。

日頃から目に見えない存在、周りの人たちに感謝ができる人のところには、人の縁も仕事の縁も、お金の縁も循環してきてくれますよ。

ここまで読んでくださり、ありがとうございます。ぜひ取り入れられるところから行動して引き寄せしていってくださいね。あなたの開運を応援しています。

【著者紹介】**響燁宥澪**（きょうか・ゆうみ）

サイキックヒーラー。開運スピリチュアルマスター。

名古屋市生まれ。幼少期のころより人の感情や思いがわかり、また目に見えない存在や目に見えない世界を感じる。人との違いに苦しみ、一時はその力を封印する。人のお役に立ちたい！早く自立したい！との思いから高校を卒業後、働きながら看護師の道を目指す。その後、看護師となり、医療の現場で20年以上の経験を経るが、幼いころに封印した力は封印しきれなくなっていく……。あるときより導かれるように、【手当て】というチカラで人の痛みや病の根本原因をMRIのように見つけ出してメディカルヒーリングするようになる。その数は年間千人を超え、のべ1万人以上。

それがきっかけとなり、いままで隠されていたサイキック能力が開花。MRIのように病気や不調の原因を見つけ癒すメディカルヒーリング、エンジェルヒーリング、オーラリーディング、アカシックレコードリーディング、アセンションヒーリング、才能開花ヒーリング、女神の女性開花ヒーリング、チャネリング、ハイヤーセルフヒーリング、ブロック解除、家系のカルマ解消、因縁解除、封印解除、魂の契約解除、縁結びヒーリングでは最短で出会ってから２週間で結婚、お財布コンサル・金運アップ設定では年収300倍などあらゆるヒーリング、土地の浄化、地場調整、開運リトリートなど多岐にわたり活躍。

ＮＬＰコーチ、脳科学コンサルタント、量子力学、ディープマインドフルネス瞑想法指導者、クリスタルボウル奏者。

圧倒的なサイキック能力が口コミで次々と広がり、海外から来日しセッションを求めるお客様も多数。

国内外の経営者様にも信頼が厚く依頼が絶えない。インナーベビーヒーリング創始者で養成講座を主催するなど現在はスピリチュアルとして活動は多岐にわたる。

誰もが持つ無限の可能性を開き、これから始める人にも、わかりやすく丁寧に教えている。

響燁宥澪【公式メルマガ】https://bit.ly/33UNcBP
響燁宥澪【公式LINE】　http://nav.cx/ftpM59F

第3章　ニコール

グレーな魔女が贈る
タロットで運命を
見極めるコツ

この本をお手に取ってくださってありがとうございます。

電話占いシエロに所属している鑑定師のニコールです。

正体不明の怪しい存在？　いえいえ、全くそんなことはありません。毎日お客様と真摯に向き合い、現在もお電話で、全国津々浦々からの大切なご相談を託していただいております。


メインの占術はスピリチュアルタロット。

過去世において、やはりカード占いをしながら古の西欧を流浪した経緯がありました。

今世におきましては、西洋占星術やエネルギーワークによるヒーリングも駆使したセッションとなっています。


今も昔と変わりなく、身近で親しみのある日常使いの占い師として、心に寄り添い、半歩先くらいの前を照らしながら、お客様と一緒に、生きることにまつわる色々なことに取り組む旅を続けているところです。

タロットは心を映す鏡

タロットは心を映す鏡です。

占う人の心情を鮮やかに映し出してくれます。

不思議なことですが、向き合う人の心を通して、占ってみたいと思う人の気持ちや事情までもがカードに表れてきます。

人は、まだ見ぬ未来が知りたくなる生き物です。じゃあタロットで未来が読めるのかというと、それが読めるんです。

今在る状況から類推されるある程度の流れやピンポイントの結果が、カードによってだいたい示されたりします。

どうしてこんなことが起こるのか、とても不思議に思われるかもしれませんが、日頃タロットを使って仕事をしている身としては、すでに当たり前のようなこととなっています。

時おり自分のことを占ってみたりもしますが、すでに心の中に在って認識していることと、シャッフルされた後にディスプレイされるカードは、大概一致しています。

私の場合、運勢を見るためというよりも、すでにうっすらと感じている未来の結果に向かって、何か行動を起こしてみたい時に、タロットを使って占います。

結局それは、カードによって背中を押してもらうための儀式（リチュアル）です。

お電話をくださるお客様の中にも、同じような利用方法をとられる方がいらっしゃいます。


さて、具体的に、タロットワークでいったい何ができるのかー。


まず自分の気持ちを確認できます。

行動を起こすタイミングを知ることができます。

今、このまま動いていったら未来がどうなるかを見せてくれます。一方、現在に至る過去の状況を確認できたりもします。

今まさに問うている問題の本質や原因があぶり出されてくるのです。

それがまた、自分の潜在意識のような形をとっていたりもします。

近い未来や、もう少し先の未来を予想することもできるでしょう。だいたい3ヶ月先くらいまでを占うのが基本とされていますが、場合によっては一番長期で10年後のケースもでてきます。

カードのモチーフや絵柄によっては、現実の世界ではうかがい知ることのできない魂の世界を垣間見ることができたりもするでしょう。

タロットカードは長きにわたり人々を魅了し、優れた占術として支持され続けていますが、その歴史は十三世紀ごろの貴族の遊戯から始まっています。

その後、製作者である職人の手から民衆に広まり、伝承されて文化となり、今や占いの道具にとどまらず、学術的な研究対象にまでなっています。

このような歴史のあるタロットには、占うという行為を介して、その場にシンクロニシティを呼び覚ます魔訶不思議な力が授けられているのです。

永遠の魔法がかけられているのですね。

ですから占い師を生業にしている私は、すでに魔女の端くれになっているに違いありません。

私たち人間は、魂ある肉体です。人はその肉体を使ってコミュニケーションを行いますが、意識するとしないに関わらず、紡ぎ出される言葉の数々は、その人を表す「言霊」です。

電話占いのいわゆるスピリチュアルタロットは、「魂に聴き、魂で答える」一期一会。限られた時間の中での「体当たり・ガチンコ勝負」の占いであると、私は思っています。

タロットに向き合う際の私は、多少の個性は残しつつも、無色透明に近い存在となります。

晴れた朝は、通り過ぎる風の音や鳥のさえずりを感じながら、電話口の向こうの声を聴きます。

深夜にあっては、静寂の中に張り詰めた言霊が超音波仕様の「こだま」となって響いてきたりもします。

昼下がりには、天上から降りそそぐ極彩色のような周波数の波を感じながら、声を聴かせていただくこともあります。

スピリチュアルな触れ合いは、本来、多くの事柄を徹底的に語り合うことから生まれますが、その一方で、沈黙の中に育まれ、苦しい時間を経て、ようやく成立するコミュニケーションもあります。その際、触媒のような役割を果たしてくれるのが、タロットカードです。日々、その醍醐味を感じながら占いを立てています。

占いで未来が見える

人は、どうにも切羽詰まると、神様に助けを求めたくなるものです。

急遽お参りに行って一生懸命祈るのですが、神様が答えてくださるのかどうか心配になったりしませんか。

本当に良い変化が起こってくれるのかどうかが知りたくて、おみくじを引いたりしますよね。そんな感覚で、占いを使っていただきたいと思っています。

その時あなたが選ぶ占い師は、その時点での気づきやヒントを持っています。

世の中に占い師はあまた存在しますが、どんな占術からであっても、あなたが求めれば、今必要な答えが、目に見えない存在から届けられるものなのです。その中の一人が私であれば嬉しいです。

カードを引かずとも、話す言葉の中に未来が見えてしまうことがよくあります。カードを引いてみても、その結果は同じだったりします。もし望む結果が表れなかったとしても、がっかりしないでください。受け入れることが必要な時もありますが、占いの結果はまだ現実ではありません。言葉や行動を変えてみることで、未来に今と異なる軌跡を作っていくことは可能です。

占い師は解決のためのヒントを授けますから、そこから望む未来を引き寄せるための具体的な行動をとっていきましょう。

世の中には運気の大きな流れが厳然と存在していて、おまけに個々人の持って生まれた運命や運気というものがありますから、生きている以上、避けて通れないブラックホールのようなところがあるかもしれません。

そうであったとしても、開運行動を積み重ねていくことによって、大難を小難に変えていくことができたらよいのです。

生きていくということ、それ自体が、選択の連続です。

何気ない「選ぶ」という行為には意味があり、その綿々とした行動の連続で、人生がデザインされていきます。

言葉と場について

日頃使っている言葉も意識・無意識の選択の結果です。

紡ぎ出される言葉から作り出される人間との関わりが未来を創っていきます。

今、自分がどんな言葉を使って話をしているか、どんなフレーズがよく頭の中に浮かんでくるのか、意識してみてください。少し先の未来がどんな色合いになっていくのか、分かるかもしれません。

言葉の話が続きますが、「言霊」って信じますか？

言葉には、やはり魂が宿ります。話す言葉の中に、その人の命運がかかっていることだってあります。いつもそんなことを気にしていたら、ぶっちゃけ話や面白い事なんて言えなくなって「つまらない」と思うかもしれませんが、少なくともネガティブな言葉を使わないようにするだけでも、次の展開が変わってくるように思います。

例えば、彼のことが信じられないとずっと言っていたら、信じられない彼が出てきてしまうといったことが起こってきます。

好きな人に好かれたいのに、意識し過ぎて声もかけられず、普通の挨拶さえできない状況が続いてしまえば、その人を「避けています、話しかけないでください」というオーラをあなたご自身がまとっていることになるのです。

分かって欲しいことがあるならば、端折らずに話すことが大事なのです。

気恥ずかしい。こんな事わざわざ言わなくてもわかってくれているはずは「なし」です。ちょっとくどいなと感じる、ドラマのセリフみたいにしてよいのです。幸せになるためには、その方向にしっかりと意識を向けて負荷をかけることが必要ですよ。

言霊もそうですが、人間は日頃過ごす、いわゆる「場」から受ける影響も、軽く見てはいけないようです。

例えば、スマホの電波の入り具合は、純粋に地形によるところ以外に、その人の現在の氣やエネルギーの状態とリンクしていることがあります。

雑音が多かったり、声が乗ってこなかったり、話し言葉の単語ひとつひとつが、音としては聞こえてくるのになぜか意味をなさない時などは、周波数が乱れていることを感じます。

私は治療家ではありませんが、話すこと・繋がることで氣やエネルギーを整えることは可能だと思っています。

私固有の魔力は人と触れ合うことで解き放たれます。

良くなりたい、助けてほしいと願う心の響きは、話してくださること、それだけでこちらに届いています。しっかりと応えていきますので、ご安心くださいね。

人の身体は約三十兆以上（六十兆説もあり）もの細胞でできていると聞きます。

諸説あるものの、その細胞は、おおよそ3ヵ月でおおむね入れ替わると言われています。新陳代謝によって、二十四時間以内に生まれ変わる細胞がありますから、昨日と今日の自分、実は同じではないわけです。

変わることを怖がる必要はありません。望むと望まざるとにかかわらず、自分は変化していきます。

否応なしに変わっていくのです。ですから、同じ思いを抱え続けるとか、同じ答えにこだわる必要もありません。

継続は力なりと言いますが、その継続もまったく同じことを続けているだけなのでしょうか？

少しずつの変化や改良が加えられているのではないでしょうか。もちろん、人は間違えたりもしますから、トライアンドエラーを続けていくことで、その先に光が見えてくると思えばよいのです。

それでは、一方にある変わりたくないという意識は、どこから来るのでしょうか。生命を維持するための恒常性でしょうか。

自分は変わらなくても、世の中が進化して変わっていくので、そこに安住しているだけでも変化を享受できるからかもしれません。

ただ、このままでいたくないと思いはじめると、人は何らかの情報がほしくなってきます。ただ、そんな時に心が弱っていると、「人に決めてもらうことができたらどんなにか楽だろう」と思ってしまうこともありそうです。

人に聴けば「あなたのために」と、それぞれに色々な答えが返ってきます。でも、最終的には自分で決めることになるでしょう。

なぜなら、決めないままということになっても、それはあなたが決めたことになるからです。どうあれ、人に話を聞いてもらうことは、今のつらい状況を落ち着かせて、心を癒すことに繋がります。いついかなる時も、何度でも、お話を聞かせてくださいね。

ハイヤーセルフやガイドに助けてもらおう

「幸せ」は自分の心が決めるものと言われますが、今、あなたは幸せですか？

自分のことなのに、自分の気持ちがよく分からない時があるものです。そんな時は、あなたのハイヤーセルフやガイドに助けてもらいましょう。

高次の自分自身であるハイヤーセルフ、そしてあなたを導く霊的なガイドは、いつもあなたを見守ってくれています。ここぞという時に助け舟を出してくれます。直感が冴え、シンクロニシティ現象に遭遇するような時は、彼らが降りてきている可能性「大」です。

本当は、彼らはあなたの一部で、別段呼び出さなくても日ごろ機能しているはずなのですが、忙しかったり疲れすぎたりして、コンディションがよくない状況にあると、その声が聞こえず（実際に声が聞こえるわけではありませんが）、せっかく手を差し伸べてくれていても、その手に触れることを避けているかのように、孤軍奮闘してしまうことがあるのです。

目には見えない存在ですが、ハイヤーセルフやガイドはあなたの味方です。宇宙の根源から送られてくる波動や周波数を繋ぐ役割を、こっそり果たしてくれています。

自分を見つめたい、心の奥底の声を聴きたい、そんな時に呼び出してみるとよいでしょう。私のタロット占いには、彼らからの答えが含まれています。

さて、古えの哲人は、散歩をしながら真理の探究をしていました。

心と対話をしていくと、自然と気持ちの折り合いがつき、心の中が整理されていきます。

ハイヤーセルフに自分自身のことを聴くということも、それに似ているかもしれません。もちろん、散歩をすれば、代謝も上がって巡りもよくなり、身体も整うというプラスの効果があります。また、朝日と散歩のカップリングも、運気の上がる組み合わせです。一日の始まりに朝日を浴びて、気持ちよく宇宙エネルギーをいただきましょう。できれば瞑想なども組み合わせて、宇宙と一体化する気分を味わってみてくださいね。

この世の中には、聖人のような、人間ではあるけれどもスピリチュアルガイドの役割を担う人々が多数存在します。

テレワークの時代、国内にとどまらず、海外からでも学ぶことが可能です。騙されてもいけませんが、広くその知見を垣間見ることができて、今は本当に便利な世の中です。

万物を構成する大いなる宇宙からの愛のエネルギー。崇拝や信仰の対象としてではなく、ただ単に、もたらされるエネルギーを人間に役立てていこうとする試みが、動画サイトをはじめ色々なところで行われています。量子力学から説明されたりもしているようです。

もちろん、普通の人間であっても、自覚のあるなしにかかわらず、日々スピリチュアルなエネルギーを操って生きています。

そのエネルギーを意識して使うことができるようになると、生きることがもっと楽になってくるのではないでしょうか。

浄化について

時空や時間の概念を越えて問題解決を図るセラピーなども以前からありますが、すべての事象をエネルギーで説明できるなら、人間の痛みや悲しみ、苦しみといったネガティブな感覚や感情を一瞬にして消し去ることが可能になるかもしれません。

私も時宜に応じて、効果的なエネルギーワークを、セッションにどんどん取り入れていきます。占いとエネルギーワークを融合させたセラピー・セッションで運気の流れを良くしていきましょう。

人は生まれる際に、今世のシナリオを選んでこの世にやってくると聞きます。寿命なども、はじめから決まっているのかもしれませんが、限りある命を生ききるのが、人として生まれた者の使命です。とは言うものの、様々な試練の中で、その大切な命を投げ出してしまいたくなるような状況になることもあるでしょう。

そんな時は、ご自分の身に起こった事や今の気持ちを誰かに話してみてください。浄化をしましょう。

話すことは、シンプルな浄化の方法です。

身体が疲れ切ってしまった時、魂が重たく感じられる時、抜け殻のような気持ちになってしまった時は、とにかく癒しが必要です。

身体を休め、心の奥底にある重い荷物をほどいてみましょう。できるだけ心のうちを吐き出してください。話すことは、ご自分を離して見るという浄化のワークなのです。

さらにアイテムを使って浄化をするなら、盛り塩、パワーストーン、セージの葉の煙、アロマキャンドルの炎などから、合いそうなもの・お好きなものを試してみるとよいでしょう。周波数の高い音叉を使って場の浄化をすることもできます。ただし、浄化をし過ぎると、そこに宿っている魔法の力が希薄になってしまうこともあります。浄化は除菌と違って、あまり潔癖にやらなくても大丈夫です。すっきりと清々しい気持ちになれば完了です。

占いを、人生の節目節目で羅針盤のように使っていただくと、とても便利なものだと実感していただけるのではないでしょうか。

何かを始めようと思った時、留まるか進むのかに悩んだ時、本当に叶えたいことがあるのなら、占いと開運法を駆使してチャレンジしてみましょう。

さらに、エネルギーワークでモチベーションを上げて、よい結果を引き寄せることも試していきましょう。

先の予定に合わせて、ここぞという時に、風水や方位術を使えば、とても心強い結果に繋がります。

現に私事ですが、以前手術をすることになり、その日程が決まった後、何度も吉方位の神社に通ったところ、年明けの月替わりから、ぐっと運気が上がってきたことを肌身に感じ、さらには不安だった手術も成功しました。

そして、その療養後すぐに、新しい家が手に入ったというおまけ付きのエピソードがあります。

不思議な世界との邂逅

不思議な世界との邂逅は、大学時代にウォータースポーツで自然と一体化する体験を得たことがきっかけですが、本格的なスピリチュアリティの開花は、十年前に突然、原因不明のおかしな病気にかかったことに始まります。

それは、二〇十一年の一月のことでした。

ある日、掌が乾燥して生命線に沿って亀裂が入る事態が起こりました。

「乾燥肌も度が過ぎるなぁ、それでも春になれば、きっと落ち着くにちがいない」と、手の保湿を一生懸命やっていました。

そして、三月。東日本大震災。

実は、震災が起こる少し前から、もともと低かった血圧がじわじわと上がり始めていたことに気が付いていていました。

女性特有の加齢のせいなのかもと、漢方の処方がある内科を受診して様子を見ていました。簡単に降圧剤を飲みたくなかったという理由もありました。

その時、今までひどかった花粉症の鼻の症状が落ち着いたので、体質改善の効果があったものと喜んでいました。でも肝心の血圧の方はと言えば、一ヶ月、二ヶ月、三ヶ月と、処方される漢方薬の種類は増えても、血圧は一向に下がりません。胸の動悸までするようになりました。

「ハッ」と気付いたのは薄着になった初夏の頃。腕にパラパラと紫斑が広がっていました。皮膚科に行くと、原因は分からないとの事。ニヤニヤ笑われて老化現象の一種だと言われてしまいました。確かに毛細血管がもろくなっているようです。

藁にもすがる思いで色々な病院を訪ねましたが、原因は分からずじまい。本人はいたって真剣ですが、結果的にいわゆるドクターショッピングとみなされ、しまいには心身症を疑われてしまいました。

そういえばその前年の秋のこと、大阪の堺市でマッサージ店に入った折、女性の施術者からこう言われました。

「首の後ろ（背中との際の真ん中あたり）が凝っていますね。これって高血圧の方に多いんですよ。血圧大丈夫ですか？」その言葉、予言のように当たりました。兆候はあったのです。

動悸が続くのが怖くて、これで病院巡りは最後と心臓専門の内科の門を叩くと、とりあえず降圧剤を飲んだ方が安全であること、今の「かかりつけ医」から大きな病院に紹介状を書いてもらったらどうかという話になりました。

くだんの漢方内科併設の心療内科でカウンセリングをする予定だったのをキャンセルして、紹介状を書いてもらわずに病院を移りました。

本当はとても評判の良いクリニックでしたから、私の症例はよほど特異なケースだったのだと思います。

血液検査の結果、強皮症や全身性エリテマトーデスが疑われる所見が出てきました。これから病気と闘う人生なのかと、がっかりした記憶があります。

結局、血圧を下げる薬と血液サラサラの薬を処方され、炎症反応が出ないように、できるだけ日光に当たらないこと、歯科で定期的にメンテナンスをして歯周病にならないようにすること等指示されました。

その夏は、髪の毛がどんどん抜けていき、何らかの病気の勢いが増しているのを感じていました。

当時、吟詠やジャズボーカルをやっていたのですが、ある一定のキーから上の高い音程を出そうとすると、声がひっくり返ってしまう事態も起こっていました。

周囲の反応はというと、ことごとく加齢で片づけられてしまいます。自分のコンディションは、「人に聞いても分かるはずがない。自分で解決するしかない」という思いが強くなっていきました。

ひとつひとつ疑問をつぶしていきたくて、ドクターショッピングと言われようが、自力で原因究明を試みるつもりでした。

今までせいぜい上がっても百二十くらいまでしかなかった上の血圧が、この頃は百八十を超えるほどになっていて、たまに意識が飛んでいました。誰に勧められたわけでもなく、脳神経外科で頭部のＭＲＩ画像を撮ってもらい、異常なしの所見までもらっていました。そして、九月。やっと原因が分かりました。

右の副腎に腺腫が見つかったのです。現状に変化がないと判断されて、原因不明のまま住まい近くのクリニックに転院を勧められたタイミングでした。

紹介状を書くために、身体全体のＣＴ画像を撮って判ったことでした。結局、付いた病名はクッシング症候群。クッシング病という病気もありますが、そちらはお笑いコンビ・ガンバレルーヤのよしこさんが、二〇一九年に脳下垂体にできた腫瘍を手術で治しています。

私と同じように、コルチゾールというストレスホルモンの分泌に異常が起こる病気です。このコルチゾールというホルモンは不足すると慢性疲労に繋がるとのことですが、クッシングの場合はストレスから身を守るために過剰に分泌されてしまうということらしいのです。髪の毛が抜けたのは、このホルモンの影響でした。そういえば、当時、髭が生えていました。

西洋占星術で私の出生図を見てみると、体質を示すアセンダントが蟹座のサインにあります。内分泌系に関係がありそうです。

身体を表す月は、病気の意味がある海王星と直角。さらに、その海王星は木星と百八十度なので、どんどん膨張していくイメージ。腫瘍ができやすいのかもしれません。火星は、自分を意味する太陽と直角。

ストレスになる事象が多く現れる人生のようですが、炎症や痛みには強そうです。また、月は牡牛座の木星と直角なうえに木星は金星と一八〇度です。美味しいものに目がなく、節制が必要なようです。

さて、その病気になった時の天空の星の配置を示す経過図を見てみると、運命やカルマを表す冥王星がアセンダントと百八十度で対峙。

人生の転機のようです。

ハプニングの天王星はアセンダントと直角。身体に衝撃をくらうことがあっても仕方がなさそうです。

また、土星の上には、接近してきた海王星がピッタリ乗ります。受難を受け入れるという意味もあるそうです。健康に関して、あまりよいとは言えない配置だったことが分ります。

このように後からホロスコープで検証してみると意外に説明がつき、不思議と納得します。

この頃、病院で会計を待つ間に、待合室の本棚で、ベニー・ピアス著「直感への道」を見つけました。

とても興味が湧いたので、取り寄せてみることにしました。

ところが、その本が家にやってくるや、本の中のワークを何ひとつしないうちに、おかしな現象が起こるようになりました。人と話していると、その人の感情の声が聞こえてくるのです。目の前の人、電話口の向こう側にいる人。言葉と言葉の間から、さらに言葉が聞こえてきます。

この現象は腫瘍を切除した後、だんだんと収まっていきましたが、それまでは感覚が冴え過ぎていて、何かを見通す「眼」ができたような感覚がありました。脳内物質の影響による幻覚・幻聴で片づけられることかもしれませんが、その時に第三の眼が開いたようです。

また、現実的に怖い話になりますが、ホルモンが分泌され続けていくうちに、筋肉がどんどんなくなっていきました。

歩いていて膝や足首の関節がフワフワとして力が入りません。すっかり足は細くなり、階段の昇り降りも、自分が蚊トンボになったかのようにおぼつかない感じでした。顔はむくみ、首の後ろは盛り上がり（野牛肩と言うそうです）、お腹は臨月のように膨れ上がった状態です。悪魔が身ごもったかの様相でした。

それでも泌尿器科が担当する副腎切除の腹腔鏡手術は、年明けまで空きがなく、降圧剤と血液サラサラの薬、ビタミン剤だけの処方で、脳や心臓をはじめ血管といった循環器疾患を防ぎながら、ひたすら翌年の一月まで順番を待つ状態でした。

毎月通院していきながら、身体症状がどんどん悪くなっていくのを感じていました。誰にもこの心のうちをぶつけられず、悲しくて、悔しくて、病院の長椅子でひとり涙したことを覚えています。

今のコロナ禍の状況と比べたら大したことのない話に聞こえるかもしれませんが、当時の私は本当に必死で、「自分の身は自分で守らなきゃ！」と一生懸命に自分を保とうとしていました。

手術の順番を待つ間の３ヶ月は、とても濃密な時間でした。身体が自由に動かないので、とにかく「丁寧に生きること」を心がけて過ごしていました。

そして、ようやく十二月になりました。もうすでに起きて過ごすことがつらくなっていました。ほとんど寝たきりの状態です。

ただただ寝てやり過ごそうと思っていた矢先、今度は大きくなった腫瘍が背骨の神経に当たって激痛が走るようになったのです。

姿勢を確保していても駄目な時は全くダメで、怖くてぐっすり眠ることができません。しかも身体に力が入らず、ぐにゃぐにゃで、自力で起き上がることさえ難しくなってきました。

食欲も、もうありません。水分も取りたくありません。

起き上がってトイレに行くのにも決死の覚悟でした。起き上がるためには非常に痛い思いをしなければならないからです。

顔だけが白く真ん丸に膨らんでいるので、元気に見てくださる人もいて、とても不可解でした。「こんなにつらい状況なのに、緊急入院にもならない程度なのだろうか？手術の日までは意地でも生きていよう！」と、息絶え絶えに思っていました。

辛ら過ぎたからなのか、最終的には、妙な多幸感が脳内を支配するようになってきました。幽体離脱してしまいそうな時もありましたが、なんとか留まっていました。

後に入院したことでベッドが電動式になり、どんなに嬉しかったことか。今でもその気持ちを鮮明に覚えています。

言い尽くされていることかもしれませんが、病気の引き金はやはり心身にかかるストレスだと思います。

私がここに至った原因には、色々と思い当たる節があります。

結局は自分が持つ心の傾向が招いたのです。親の死に対する罪悪感にも関係がありました。

田舎暮らしといえる環境で、地産地消の野菜や玄米を食べ、天然水や鉱泉などの良い水を取り寄せて飲み、人並みに健康に留意して過ごしてきたつもりが、病気になってしまいました。

西洋医学の薬は嫌だと思って漢方薬を処方する病院を選んだのに、私の場合は、むしろ副反応がでたりして、逆効果となってしまったのです。

人は色々凝ったりするけれども、結局はなんだかんだ言って、普通(中庸)に過ごすことがよいのではないか。

真ん中に戻ってみよう、そう思いました。行き過ぎたら戻ってみればよいのではないかと。

長いリハビリの期間を経て、なんとなく普通に暮らせるようになってから、この世に人として生かされている間に、自分には何ができるのだろうかと、ずっと考えていました。

そうこうしているうちに、長くなるのでここでは詳細を割愛しますが、さらに人生がままならないことを感じさせる出来事が立て続けに起こりました。

その際、ふとしたご縁で繋がったのが占いの仕事です。

それから四年と半年、どんなジャンルのご相談も厭わずに受けさせていただき、のべ二万人を超えるお客様とお話しをさせていただくことができました。

まずは修行と思って始めたわけですが、お釈迦様の弟子で、のちに阿羅漢となられたチューラパンタカのお掃除の逸話ではないですが、一心に努めなければ続かない現場です。


電話占いはある意味、「占い」を超えています。

結局、鑑定にのめり込むうちに、食生活や睡眠など基本的な生活習慣がすっかり偏り、不摂生極まりない状態になってしまいました。

そこで、いよいよデトックスを始めました。

実際に試してみてとても効果があったのが、「ハーブファスティング」です。メディカルハーブを用いたファスティングなのですが、大腸や腎臓、肝臓、脳などを順繰りにターゲットにして、月一回のファスティングでデトックスをしていきます。

養生に適した時期も加味したりします。メディカルハーブのお茶が美味しくてすっかりはまってしまい、おかげさまでお腹がへこみ、肩甲骨周りや背中もすっきりしました。私でなくとも、テレワーク生活で偏りや滞りが生じやすい昨今、デトックスで定期的に身体と対話をするのは、良い習慣なのではないかと思います。

新月に合わせたファスティングは定番メニューになりましたし、眠りながらアーシングをする電磁波デトックスも今やマイブームです。


「幸せ」になるために、人は色々なことを考えたり試みたりします。

時期を選んで、ターゲットを決めて、効果的に行えば、きっと素敵な結果が表れてくれるでしょう。心と「幸せ」をもっと簡単にリンクさせていきたいですね。


私の目標です。

目に見えるもの、目に見えないもの、どちらにも偏り過ぎず、前に進む勇気や様々な愛のカタチを応援してまいります。

目の前で笑顔になってくださる瞬間を糧に、あなたが毎日を快適に、軽やかに過ごすお手伝いをすることが私の願いであり、幸せです。

【著者紹介】ニコール

電話占いシエロ　鑑定師ニコール

心に寄り添い、気付きを与える癒しの占いセラピスト。ご縁の成就やお仕事の方向性に良い兆しを授けます。吸収力自慢のお悩みスポンジ。話すことで運気が変わり、新たな道が見つかることも。

震災後の二〇十一年秋、人の心のリアルな声や目に見えない存在からの声を聞いたことをきっかけに数々のシンクロニシティや不思議な体験を経て、導かれるようにスピリチュアルの道に進む。そこで人を癒やすことの奥深さを知り、その導入手法として占いを選ぶ。

現在、全国津々浦々のお悩みと向き合うべく電話占いシエロの専属鑑定師となって活動中。

デビュー以来、着実な人気を得て、所属5年目にして鑑定件数が延べ2万人を超える。

メイン占術であるスピリチュアル・タロットに西洋占星術、エネルギーワークなどを組み合わせ、短時間であっても、相談者様の心が雨から曇りのち晴れになる占いカウンセリング・セラピーを提供している。

探求することへの意欲は止まず、時宜に応じて東洋系を含めた様々の占術を用いたりもしており、専門性を深めるための学び、スピリチュアリティの醸成などに、常にチャレンジし続けている。

悩める人それぞれが自らを癒やす「セルフチャネラー」となっていただきたいと願っており、セッションを通じてそのお手伝いをすることが「夢」である。

座右の銘は、「人生を生きる」。

本来の趣味は、色々な旅。現在は、丸窓からの定点観測。そして、ファスティングと美味しいものを行ったり来たり。

天候の変化に強い「長距離ランナータイプ」です。

電話占いシエロ　https://happy-cielo.com/　電話　0570―0783―99

第4章　こうの泰子

手相美人になって
人生を変える方法

あきらめは未来の始まり

一年半ほど前、エステサロンを開業しようと考えていました。

肌やカラダを美しくするだけでなく、出会った方の未来が豊かであって欲しいという思いがあったからです。

想い描く未来に向かって、更に美しくなっていくサポートをする。こんな思いでした。

そのために、今を満足していただく事にこだわり、良質の粧材やエッセンシャルオイル（アロマオイル）を使うことにしていました。

好む香り、その時に自分が必要って感じる香りに包まれると本当に癒される。そして良質のオイル（ここからは、エッセンシャルオイルをオイルと称します）はカラダや肌にも良い変化をもたらしてくれるからです。

私とエッセンシャルオイルの必然ともいえる出会いも後で触れたいと思います。

ワクワクしながら、コースメニューなどを考えている私でしたが、両手の中指が「バネ指」と言われる症状になってしまいました。本当にバネみたいな動きになるんです。

エステティシャンは手が命！なのですが、ペンを持つと、今まで意識しなくても、元の状態に勝手に戻っていたのに、戻らないんです。動きもビックンとにバネのようになるんです。

元の状態に戻すには、反対の手を使って中指を真っ直ぐにしてあげていました。

本当に無意識に動かせるってありがたいことなんですよね。

後で思えば、この症状にならなければ一生気づくことがなかったかもしれません。

しかし、動きだけなら、笑いもあるのですが、ここにプラス「痛み」が生じるわけです。少し動かすだけでズコンと衝撃があるんです。この痛みは、ちょっと動かすだけでも感じてしまうため、辛いんですよ（涙）。

お医者さまからは「うまく付き合っていくしかないですね～」との診断。

「うまく」って、この痛みとどう関わればいいの。

私のエステサロンは・・・

施術用ベッドも手に入れ、提供するコースなどを考えていた矢先の出来事です。

「何で私がこんな目に合わなきゃいけないの？」

「私、何か悪いことをした？」

痛いし、動かないし、どんどん未来が閉ざされていくような感じ。

こうなると更に指が動かなくなっていくんですよ。

誰か、助けて！と人に頼りたいのにどう叫んでいいのか分からない。孤独感の塊。


それが、当時の私です。

カラダのどこかが痛かったり、不自由を感じても辛いですよね。しかし手は、カラダの中でも一番の働き者。

大げさと思われるかもしれないですが「手が動いて当たり前」は、本当にありがたい事なんだと感じました。

しかし、この先、何十年と続く人生で「痛み」と「動き」と付き合う・・・・。

情けなさと、未来に対する不安が入り混じった感情が芽生えてきました。

「私がやろうとしていることはよくないこと?」「見えない力が、やめなさいと言っているの?」「一生、ずっとこの状態なの?」今度は手のひらを見つめながら、自分を責め始めていました。

特に「痛み」を思い知らされるのは、携帯を手にする時です。SNS配信も投稿用の画像編集も、全て手のひらの中。携帯で行っていました。

以前のものより軽いと言っても、それなりの重量があります。それを片方の手に持ち、反対の中指で打つことが多かったんです。

これも、痛みを感じる事で初めて自分の行動を振り返ることができました。

「両手で持って親指打ちをするって方法があるじゃない。」

「音声入力活用してみたら？」

「片手で打てないの？」

などなどの声が聞こえてきそうです。（笑）

携帯を打つスタイルが私なりに決まっていて、左手で文字を打っていたので、右手ではうまく打てないんです。

そして、やり方を変えると、変換ミスやら自分の意思とは別の動きをしてしまうかららびっくりです。

周りの方々がどんな打ち方をしているのかちょっとウォッチングしてみると、片手でサクサク打っている方が多くて、カッコよく見えてしまいました。

癒しを超えるオイルの力

不安や恐れなど、ネガティブな感情が心の大半を支配していると、普段ならスムーズに考えられることも浮かんでこなかったりしますよね。

私が、エステサロンを始めたいと思った理由は、お客様が思い描く「自分らしく輝く未来」に向かっていくサポートをしたい。そのために、良質の粧材やエッセンシャルオイルを使うことでした。もちろん、自分でも毎日ディフューズしたり、体に塗布していました。

しかし、心が沈むと、自分のために香りを使おうという意識が働かずオイルを使うことをふっと忘れてしまっていたんです。

手のひらを眺めて、ため息ついてばかり。ずっとこのまま・・・。

沈む心を止めたい。リフレッシュしよう。香りを嗅ごう！

（1）感謝の香り「マジョラム」

ズラーっと並んでいるオイルの中から､特に意識せずに一本のボトルをとりました。それは、「マジョラム」というシソ科のオイルでした。エジプトやリビアなど地中海が原産で、古代ローマ人には「幸福のハーブ」ギリシャ人には「山の喜び」と呼ばれ薬草として広く使われていました。

枯れ草のようなハーブ系の香りは、ゆっくりと吸い込むごとに心を落ち着かせてくれました。鼻から入ってくる香りが、こわばったカラダをふわーっと緩ませてくれました。そして心に浮かんでくるのは「感謝」。

動いてくれる中指に感謝。手の大切さを教えてくれた痛みにも感謝。

手のひらが求めているのは、この「マジョラム」なのかもなのしれない。こんな思いが浮かんできました。

「マジョラム」は、筋肉の疲労を和らげたり、痛みを和らげる働きがあると言われています。

ベジタブル系のオイル（油）に「マジョラム」を混ぜて、手のひら全体に塗布。手のひらの親指の下の膨らみ（手相では金星丘と呼びます）と小指側の膨らみ（手相では月丘と呼びます）をほぐしていきます。そして、中指の付け根をそーっとゆっくりさすり、次に残りの指の付け根を軽くさすっていきます。

先ほどまであった不安が薄らぎ、穏やかな気持ちになっていく自分がいました。

翌日、試しに手のひらに聞いてみました。

「今日は、どのオイルを使って欲しいですか？」

変だと思う方もいらっしゃるかもしれません。でも、この問いかけをやってみる価値はあります。疑いを持っていると答えは出てこないかもしれませんが、信じてやってみると答えてくれるのです。

（2）神秘的な香り「フランキンセンス」

手のひらが選んだオイルは、「フランキンセンス」「コパイバ」の樹脂系の香りでした。

「フランキンセンス」は、別名「乳香」とも呼ばれ、イエス・キリストの誕生の際に捧げられたと言われています。

当時、黄金と同じ位貴重なものでした。

ちょっとスパイシーで神秘的な香りが、深く呼吸をさせてくれます。エジプトでは、手足の痛みケアに「シナモン」と合わせて使っていたようです。

（3）穏やかな香り「コパイバ」

アマゾンの秘宝と呼ばれる「コパイバ」の樹には肉食・草食の動物が集まり、争うことなくその樹脂を傷口につけたり舐めたりするそうです。

この淡く透明なスパイシーな香りは、攻撃心を解いて穏やかな気持ちにさせてくれると言われています。

この樹のところでは、動物は必要以上に争わず、大切なものは分かち合っているそうです。これは本当に見習いたいですね。

実は、妹の家にいる猫もこの「コパイバ」でカラダをさすってもらうのが大好きなんです。

人間の私は、ほとんど香りは感じないのですが、動物の嗅覚は違いますね。

香りを手につけて伺った時の猫の近寄るスピードが早い！私が座った途端、隣にきていて「なでて〜っ」とおねだりしてきます。

このオイル、一緒に使うオイルの効果を高めてくれる働きもあるという優れものです。


ケアを楽しむことは大切です。手のひらに、オイル（油）を塗布し精油（エッセンシャルオイル）を数滴垂らして、ほぐしたり、さすったりすることを毎日の日課にしました。

毎回、手のひらに「どのオイルを使って欲しい？」と問いかけましたが、答えは、ほぼ紹介した三つのオイルでした。

これを行う際に一つだけ決めたことがあります。

それは、「治らなかったらどうしよう」といった不安な気持ちを持たず、この時間を楽しもう！って事です。

そうすると、投げかける言葉が変わっていきました。

「今日、選んだ香りイイね！」「中指君、益々イイ感じ！」「マッサージ気持ちいいね！」「元に戻ったらこんなことしたいね」などなど前向きな表現になっていきました。

一週間ほど続けると、ケア後、中指の動きが「ビックン」としなくなりゆっくりと自力で動かせる様になってきました。痛みも軽くなっているんです。良くなる兆し見えてきた～。喜んでいると翌日また元どおり。こんな繰り返しでしたが、二週間目から取り入れたことがあります。

手相美人マッサージ誕生

手相鑑定では、手のひらのシワだけでなく手の開き方、厚みなども参考にします。手のひらの厚み（盛り上がり）にもそれぞれ名称や意味があります。

中指の付け根は、「土星丘」と呼ばれています。忍耐強くて孤独もへっちゃらという意味を持ち合わせています。

この「土星丘」が異常に腫れていたんですね。下にある骨というか、筋が腫れてしまったんだと思います。

この土星丘が膨らんでいるのは「忍耐や孤独を愛する」という意味を持っています。

確かに、痛みに耐えていることもあるから忍耐強い。

でも、孤独はなあ。一人の時間を楽しむこともできるけど、孤独が引っかかる。などと独り言を呟きながらさすっていると、冒頭で述べた「手相は変化する」という丸井章夫先生の言葉が浮かびました。

変化するなら、変化させてしまおう！

オイルを使ってケアをしているのと一緒に、気になる手相（シワ）をさすって変えてしまおう。

今は薄くて見えにくいシワを際立たせていこう。などと思ったわけです。

痛みや動きも変化できるのだから、きっとシワだって変えられる！落ち込んでいた気持ちから一変、ワクワクした感情が溢れてきました。

手のひらのシワを変えるコツ・作るコツ

カナダの脳神経外科医、ワイルダー・ペンフィールドが考案した「ホムンクルスの図」というのがあります。

脳には「動作を指令する運動野」と「感覚を感じとる感覚野」があり、それぞれが体の部分と密接に繋がっていることが書かれています。

五本の指と手のひらは、運動野では、三分の一、感覚野では四分の一を占めているということです。

つまり、手指を動かすことで脳に与える影響が大きいということです。

だから、手指は「第二の脳」と呼ばれることがあるんですよね。

私は、この考え方をちょっと拝借し、逆の使い方をしてみました。

それは、私の思考や行動の仕方で手のひらのシワ（手相）を変えてしまおう！という考えでした。

例えば、親指と人差指の間から手首に向かっている線（シワ）、これを「生命線」と言います。

この線を反対側の親指で「気持ちいいな」と感じる程の力でさする。

この際に、意識をするんです。

「私は、益々健康で完璧な体でいます」「健康な体でありますように」といった願望的な表現ではなく、意思を明確にします。

痛みを生じていた中指に関しては「益々スムーズな動きで笑顔の私がいます」といった表現をしていきました。

「スムーズな動きができたら」という表現の「できたら」ではなく「益々〜できる」にしていくこと。

これが、大切。

また、他の指や手のひらには、自然に動かせることに感謝の言葉をかけることを心がけました。「いつも、動いてくれてありがとう!」「○○やってくれてありがとう」

一ヶ月ほど続けると、私の中指の痛みがほとんど消え、動きもだいぶスムーズになってきました。

「一生、うまく付き合うように」と言われた痛みや動きがほぼなくなったのです。

手相は変化します。と言うとほとんどの方が納得してくださいます。

しかし、「手相を変えられる」と言い換えると、ちょっと不思議な表情を浮かべます。そして、「それは、自分で変えるってことですか？」と質問をしてこられます。

手相を変える必要があるのか？

手相は運をみるものだから、その時々にどんな運が待っているのか、分かれば良い。

こんな風に思っていませんか？

手相は、あなたの個性であなただけの宝物です。キラキラ輝く宝石も、しまっていたら、せっかくの輝きが世に出ません。放置していたら、輝きもくすんでしまいます。

だから、生かして欲しいのです。

「ラッキーな線が出ています」とか「〇年後に大開運しますよ」と分かっていても、何もしなかったら開運しないかもしれません。

手相は、あなたの考え方・あなたの行動で変化させることができるんです。

あなたの望む線を作り出す方法があります。私の場合、エステサロンを開業しようと思っていた頃、実は、「運命線」が途中で切れていました。

運命線とは中指に向かって伸びていく線なのですが、手前で見えなくなっていたんですよね。

「この先、どうなっていくんだろう?」自分のことなのに、人ごとのような疑問を抱いていました。そんな矢先、バネ指になりました。

自分のやりたいことが見えなくなっていて、人のことが羨ましいと感じていたんですよね。自分だけがなんでこんな目に・・・この感情の状態が手相に現れていました。

ケアをスタートしてから、手のひらへ投げかける言葉はポジティブにしました。痛みのない他の指などを触る際は、「感謝」の言葉を伝えていました。

こんな中で「私は、みんなの想い描く未来を叶えるサポートをしたい」と意識をするようになりました。

痛みが消え、指が動くようになってしばらくすると、「運命線」がくっきりと両手にあらわれれました。

提供する形は違えど、私は「手相鑑定」や「手相美人マッサージ」を伝えたいという思いや意志が「運命線」に現れたということなんです。

手相はあなたの望む未来が、いつやってくるのか教えてくれます。手のひらのシワには、過去だけでなく未来も描かれているっていうことです。だから、手のひらを良くみるってことが、変化に気づける大切なポイントなのです。

変化を見つけたら、ぜひ手相鑑定を受けていただくことをお勧めします。

かつての私は、「手相鑑定」は雲の上の人しかできないって思っていました。丸井先生から、何度か「学んでみたら、できるように教えますよ」とご案内を受けていましたが、シワがみんな同じに見えるから無理。名称も分からないから無理。できる限りの無理を並べて断っていました。

ところが、手のひらを眺めていたら、以前との違いを見つけてしまったんです。もしかして、私学んだらできるかも！などと楽観的に考えて講座に参加しました。

一つ一つの線についての味方や経験談などを交えて教えてくださるので、教えていただいた線の人に出会ってみたいと思い、講座の途中であるにもかかわらず、知り合いの手のひらを片っ端から拝見させていただいてました。

特に、丸井先生の教えは、年齢の計測レベルがすごいんです。

教えていただいた通りに「〇歳頃、こんなことがありませんでしたか?」と伝えるとそれがズバッと当たってしまうんです。

つまり、未来も!「〇歳の時に開運しますよ」と伝えたら、運が向こうからやってきてくれるんです。

だからその運が何であるか分かったら、運を逃さないために行動することなんです。

何もしないなんてもったいないです。

時の運を活用する

あまり意識をしなくても、スムーズに、ことが運んでしまった経験はありませんか?

例えば、私の場合、「本を書いてみたいな」と思っていたら、お話を頂き、今に至っています。しかし、以前も同じようにお話を頂いたのに、その時は執筆に至りませんでした。

「今、その時」であるのかを知ることで、必要なタイミングとチャンスをつかむことができます。

植物が、種から芽が出て花が咲き、実をつけるように、人生も芽吹く季節や花が咲く季節そして実を収穫する季節などがあります。

だから、今の自分がどの季節にいるのか（タイミング）を知ることが大切なのです。

美しい花を咲かせるには、その種自体が芽吹く力を備えていなければなりません。

芽を出す春に、スクスクと育つためには勢いをつけることが大切です。

人も同じように、栄養（学び）をつける時、勢いをつけていく時、花を咲かせ、出会いを増やす時、豊かな実を結ぶ時。

それぞれの時を知ることで思い通りに動くことができます。


しかし、同じようなことで悩んだり、つまづいたりすることがありませんか？気づくと、いつも同じことで悩んでいる～。

これは、あなた自身の素質による無意識の習慣から来ていることが多いのです。

悩みの原因は何？どんな取り組み（課題）が必要？このような問いかけをしてみて下さい。

課題が見つかったら、取り組むだけ。簡単なことを習慣にしていくことで、あなたのめざす未来に変わっていきます。

そして、今、あなたは人生の季節のどこにいるのか？ その季節を知り、意識していく。

その季節に合わせて取り組むことでパワーアップしていき、収穫の季節に、美味しい実を収穫することにつながります。

人生の季節を知り、あなたの行動を人生の季節に一致させると、面白いように人生が回ります。

人生が変わる3分の習慣

『手相美人マッサージ』

まずは、指を組み手首をクルクル回します。次に手首から指先までを反らせます。

そして、手のひら全体を反対の手でほぐします。育てたい線（シワ）を起点（線が始まっている所）から、程よい力でさすって下さい。

ポイントその一、「笑顔」で行う。

「笑顔」は、やる気、ストレス解消といったプラス思考の作用をもたらすホルモンが分泌しやすくなります。もちろん、美容効果もアップします。

ポイントその二、「私はこうなります」と宣言する。

声に出すことで、耳から潜在意識に届きやすくなります。叶うスピードがアップします。

『三を意識する』

数字の「三」の読み方が「みっつ」であることから、「充つ」や「満つ」と願いが叶う・充足と、縁起の良い数字と言われています。身近な「おむすび」も三角形。この形は山の神様の形で、そのパワーを授けていただくと言う意味の形なのだそうです。

人生も「未来・現在・過去」と三つで表しています。

三分・三回・三セット・三日に一回など、時間や回数で『三』を意識することは運気を上げる効果につながります。

意識は「意志と気」お勧めワーク

〔朝の三分〕
物事を生み出す運気が生じている朝。
「今日、実現したい目標を書き出す」清々しい気持ちで一日のスタートです。

〔日中の三分〕

太陽が昇り、エネルギーが満ちている昼。

「仕事と仕事の合間に体を動かす」

肩を上下に・首をグルグル、それぞれ十回を三セット。

よりクリエイティブで仕事のはかどり方に差が出ます。

〔夜の三分〕

静かな夜は、運を増やせる時間です。

「三行の感謝ノートで心を満たします」

今日を振り返り、出来事での気づきを書きましょう。

例えば、「真夏日、営業で外回り。出されたお茶。おかげで麦茶の美味しさに気づけました。ありがとう」

新しい習慣を取り入れるのは、継続するっていう意志と、なりたい自分を想像することです。

どうぞ、楽しむ気持ちでやってみてください。

この出会いに感謝いたします。

【著者紹介】こうの泰子　（こうの・やすこ）

手相美人コーチ。開運コンサルタント。日本オラクリティ協会公認講師。群馬県高崎市生まれ。埼玉県神川町(旧 神泉村)育ち。

著書に霜月美怜（ペンネーム）の電子書籍『靴を磨くだけで、お客様からひとめぼれされる「シンデレラセールス」』がある。

手のひら鑑定と統計学を融合したコンサルでマインドアップ。職場の人間関係、パートナー、仕事などの迷いや不安の原因や問題を解決し、未来実現へと導く開運コンサルタントとして活躍する。

また、個別鑑定（オンライン）にて手相・方位・守護神・守護獣・人生の季節を伝え人気を博している。本来の素質を知ることで自分らしく生きられる統計学を用いたマインドアップセッションにも定評がある。

起業女子にはマネージャー経験を活かし集客・商品設計・セールスも個別コン

サル中。

セミナー講師としても活躍しており、以下の3つのテーマに特化した講義を行っている。

・人間関係ストレスを解消！タイプ別対応術
・開運セミナー「お金に好かれる人・お金に好かれるお財布」
・願いが叶うノートの神様引き寄せ術

オンラインサロンも運営している「1日3分の習慣で夢を叶える開運サロン」
「お家ビジネス運を味方に稼ぐLab」

連絡先
Facebook：　https://www.facebook.com/kouno.yasuko4192
Instagram：　kouno, yasuko

第5章 野田侑李
タロット占いの上手な活用例と占い自体の効果

初めまして、私は愛知県でオリジナルのタロット占術「マトリカ式スムルタロット占術」を使って、人生が上向きになる道筋をつける鑑定と後進育成を生業にしている野田侑李と申します。

私は人生の苦しい時に、たまたま受けたタロット占いに感動してから約20年以上占いを身近に置きながら時には上手に使い、時にはなぜか上手に使えず苦労したりしながら、生きてきました。

私のパートではタロット占いの上手な活用例や占い自体の効果その副産物等についてお伝えします。

あなたの未来を創造する、占いの世界をご案内します。

占いはあたることはすべてではありません。当たる占いというのは、一種のエンタテイメント性があり、今日に至るまで占いがビジネスにもなり得ている一つの根拠であると感じています。皆様もそういった体験はありますか？

占いは私たちが生きていく上での永遠の問いを時代と共に変化しながら、適応しながら私たちの生活にひっそりと密着しています。

一昔前に比べて目に見えない事柄はかなり柔軟になってきました。スピリチュアル（ここでは広い意味で）はこれからの時代、理解して上手に使っていけば、生きていくことへの苦難が少し柔らかくなり、人生をより良いものへと作ることができます。

その観点から私はスピリチュアリズムの一つの中の「占い」というジャンルからタロット占いを専門として日々鑑定しています。

一万人以上鑑定してきた中から事例紹介

男性は女性に比べて占いに接する機会が少ないかと思われます。

そんな男性が占いを使い人生を大きく変化させて、上手に使ったエピソードをご紹介します。

岐阜県高山市にある株式会社スペースデザイン・呉の藍代表取締役　森達矢さんはこう言います。

「あの時占いによって、背中を押されてこの現実があります。ご縁に感謝しかありません。」

森社長を私が鑑定して5年ほど経ちます。

紹介で私の鑑定を受けて下さいました。森社長はあれから5年で自分がまさか社長として「会社を起こすことになるとはイメージが全くできなかった」と言っていました。

当時、森社長はとある住宅メーカーの建築士としてお勤めされていました。上司と部下と締め切りと現場で、とにもかくにも忙しく、上司と会社に対して改善して欲しいことを伝えても、環境は一向に良くならずまだ小さい子供がいた自分の家族との時間の無さから心身ともに、とても疲れている時期でした。

森社長は占いに対しては毎日朝のニュース番組で見るぐらいで、そこまでマイナスのイメージはなかったそうです。実は「占いて行ってみたら楽しそうだし、もし本当なら信じてみたい」というぐらいの感覚だったそうです。

占いを受ける前はそんな生活の状況でしたから、占いを受けて自分の判断の良し悪しも決められなくなったら、どうしようという不安もあったそうです。

鑑定を受けた時は「何で性格や自分の考えていることが、話していないのにタロットに出てきて伝えられたことにとても驚いた。」と感じたそうです。

そして自分の今までの考えていたことに、自信を持つことができた。そして、方向性が明確になり、やるべきことがわかり、「今はこうだけどこうなるな」という確信が持てて、良かったと教えてくれました。

鑑定中とても熱心にメモを取る森社長は、非常に素直で、この素直さがあればとても早い段階で、成功するだろうと当時の私も鑑定させていただいたことを、覚えています。

私が森社長を鑑定した時に出ていた答えは大きく二つありました。まず一つは、「あなたは必ず自分の会社を作り、自分の理想の建築工房を出来るようになる」ことそして、二つ目は「収入の不安があっても必ずタイミングが来て、時間と収入のバランスが取れて家族とも、とても良い関係を作ることができる。」でした。

この二つを達成するためにマインド、対策、やるべき順番と細かく何度もその都度鑑定してきました。最初の鑑定から3年で起業そして会社を立ち上げわずか2年で会社員時代の年収を5倍以上作り、口コミとご紹介だけで予約待ちの人気の建築会社になって行かれました。

森社長が鑑定のメモを常にお守りにして、手帳に入れて置き、くじけそうになったら何度も読んで、自分をぶれないように進んだと教えてくれました。

「トラブルの対策が一番自分には効果があっていた。そしてこれからも占いは未来の心構えと自分の目標に向けて上手に使っていきたい」と考えているそうです。

これからタロット占いを受けてみたい人へのアドバイスとしてはまずは「一度食わず嫌いにならず受けてみて、後は良い先生との出会いです。それには常に感謝の気持ちを忘れないことではないかな。」と森社長は私に伝えてくださいました。

私もこれからも選ばれる占い師でありたいと覚悟させて頂ける大切なお客様のお一人です。森社長の素直さと彼の根底にある想いに「自分の大切な家族と幸せになる」このために行動したい気持ちが、サラリーマンから大きく社長と転身できた要因の一つです。そこに対して、強く背中を押した鑑定を上手に使えた好例です。

その人がたまたまいい鑑定結果だったから出来たのではないかと思われがちですが、実際は全く違っていて、その過程には会社を辞めるために乗り越えないといけない壁がたくさんありました。

そこを正面から対策を立てて、進み続けたご本人の努力これが一番の功績です。

占いは受けた後のその人の行動で、非常に未来が大きく変わります。

行動指針の一つに占いに依存するのではなく、人生の戦略パートナーとして捉えてみると、あなたの人生も森社長のように大転換が起こるかもしれないですね。

もう一つエピソードをご紹介します。

これから長寿の時代、人生百年だと言われています。50代女性の逆転エピソードをご紹介します。

50代女性のKさんは当時バツ２の独身でお子様も成人され、自立された時でした。

「漠然とした不安や何かわからないけど「何か」を知りたくて好きな占いを受けたりしていた」と教えてくれました。

私が鑑定させて頂いた当時、Kさんは会社の人間関係や身内の人間に対しての悩みが大きくあり鑑定を受けて下さいました。

鑑定では、「思い込みが強すぎたり、幼少期からの親との葛藤、トラウマ、今までの人生の荒波を、全て一人で何とか頑張ってきた！というところが出ており、お仕事面では非常に優秀で能力が高いことが出ていたのを覚えています。

鑑定を受ける前のKさんは「カードに悩みの解決策なんか出るのかな？」と不思議

に思っていたそうです。「こんなに頑張っているのに、なんで認められないのか？私は誰にも理解されない」と深い孤独感をお持ちでした。

鑑定では自己対話がタロットは強く出ますから、「向き合う」事が何度も改善されるまで出てきます。そこにはマイナスなカードが沢山出てきます。そこにしっかりと標準をあてて丁寧に細かく針に糸を通すように鑑定をして行くと、自分が本当に解決しないといけない事柄が表面化します。

「鑑定を受けた後は得体の知れない不安感がなくなったことと、帰り道ではよし頑張ろうと思えていた。」と当時を振り返り教えてくれました。そして少しずつ自己と向き合う回数を増やされていかれました。

「本当に解決するべきこと」は何度も同じように鑑定で出てきます。不思議とそして本人が腹に落ちて理解した時、占いはいい結果に向けて動き出します。Ｋさんはその後、「自信のあることを突き詰めてみたら自分は占いが好きだったということと会社で経理や事務財務数字を合わせることが好きだった。」ことに改めて気がつき、50

代これからの人生を楽しく後悔なく生きると決めて会社を辞めて、「フリーランスの事務代行」のお仕事と「占い」で独立するという人生を歩まれました。

一般的に50代独身の方で正社員のお仕事をされているのを手を離すというのは、とてもリスクだと言われるかもしれません。ですがKさんの覚悟が決まり進み出した時、鑑定では「予想外に不安なくスタートできる」と出ており背中を押していました。そして、その不安をなくすために、「しっかり準備すること」対策をとるということをお伝えしていました。Kさんはしっかり対策を取り、占いを学び独立されて行きました。その後何と私の大切なお弟子さんの一人にもなったのです。

Kさんは「あれから不思議と占いしてもらう回数が減っていきました。自分がどう日々を過ごしたいかということが、分かったからだと思います。占いは自分が前に進むためのメッセージであり、アドバイスだと思っています。鑑定で得たことを実践する。これに尽きるのではないかなと、自分らしく人生を歩くために使ってみるといいのかもしれない。」と教えてくれました。

このようにお二人のエピソードからもいかに占い受けた後、どう使うかが大事であり、そしてどんな状況でも、現実や世間の常識に負けずに行動し、全て自己責任で占いを味方にしつつ、少しずつ動けば人生は必ず、小さな光が見えてきて良い方向に行くはずだと知っていただけるではないかと思われます。
ここまでタロット占いを実際に受けた事例をご紹介しました。

ここから占いとほぼ親戚関係になるという意味では近しい癒しと占いの関係についてお伝えしてみます。この占いと癒し（ここではヒーリングについて）を住み分けしておくといいことがあるのでその辺りをお伝えします。

癒しと占いの違い

人はよく「癒された」「癒されたい」と言いがちですが、皆様はどうですか？
実は癒しと占いを混同させてしまうと効果が半減してしまうことがあるのをご存知

ですか？確かに占いは癒し的側面も持っていることはあります。ですが、占いと癒しには明確な違いがあるのです。

それは癒しというのは字のごとく「治癒回復」という目的があります。

元々あった心と体を良い状態に戻すことが癒しの目指すところなのです。基本的には心をメインで扱うイメージですが、本来は「心と体」この二つに効果を出していくことや、身体的なケアや心の問題を解決するということがあり、幅がとても広いのです。

一方で占いはというのは、未来や困りごとに対して直接観察できないものに対し、判断したり人の心の中やどのようにその人が考えているか自分以外の人や物事対して答えを知る知恵や知識の要素が大きいのです。

占いとヒーリングの歴史はほぼ同等と言われています。占いが「目的」に対しての方法をメインにしているため住み分けができます。それを踏まえて使い方を少し考えてみるとより効果的です。例えばこんな使い方です。

幼少期のトラウマを解決して心身ともに穏やかになりたいとするならば、まず、ヒーリングで心身を本来の良い状態、何もトラブルのなかったことになるようにエネルギーワーク等を受けます。そこから占いで自己と向き合い言葉を伝えてもらい、自分を理解し未来を作っていく方法を聞くという形にしてみると占いとヒーリングがより効果的になっていくことがわかります。

ポイントは心と体と思考のメンテナンスですね。なので占いはヒーリングと一緒に行われるのも多いのが実情です。


そしてヒーリングは体感が大切です。なので心があったかいや、実際につらい気持ちと体の傷みが消えていると自覚することがとても大切です。そのため、体感を感じやすくするためにヒーリングを受けるというのもあります。「私は感じにくいから私は直感がないからどうなのかな？」と決して声に出さないようにしてみてください。そうすることでヒーリングを受ける器を育成してから心構えをしてヒーリングを受けるというのも効果的です。

「とにかく辛いから。」この感じでヒーリングを受けてしまうと、体感も軽くなるかもしれず、効果が感じにくいかもしれません。

ただ様々な要因で、感覚が麻痺している場合もありますので、ヒーリングを受けて感覚を回復させることをしてみるというのも良い方法でしょう。

そしてヒーリングの時に体感できなかった時は、ぜひ素直に「体感できません」とヒーラーさんに伝えてあげることも大切です。

個人差があるとはいえ、治癒が本来の目的があるわけですから、エネルギーワークなどを調整してもらうことが大切です。そんな調整してくれるのが腕のいいヒーラーです。ヒーリングはまだ未知の世界でこれからどんどん進化していく業界でもあります。

一方で占いは「言葉」ですので、言葉が難しかったり、よく分からない時や、無理な提案を占い師さんから言われたらこれもちゃんとお伝えするべきです。その時占い師さんが「〇〇という方法はどうですか？」と他の方法を提案できるかが占い師さん腕の見せ所です。

闇雲に大丈夫を連発されたり、また不安を必要以上に煽る占い師さんは注意してくださいね。

そしていいことばかり言う占い師ではなくマイナスなことも指摘しつつ対策まで提示してもらってください。そこを聞くまで引き下がらないというのも大事かと思います。

癒しや占いをあなたの人生のおたすけ虎の巻にするのも自分次第です。

安心を占いや癒しで購入することはできません。

きっと安心だと感じる心を育成し自分を大切にする方法の提示を占いや癒しはできる可能性があるのではないかなと私は考えています。

ここまで占いと癒しについてお伝えしてみました。ここから私の専門であるタロット占いに焦点を当ててお伝えしていきます。

タロット占いとは何か

専門的に学びたい方はたくさんノウハウ本がが出ていますのでそちらをご参考いただければと思います。ここでは簡単にタロット占いを理解してみましょう。

まず、タロット占いというのは「卜（ぼく）占」といって偶然性の一致を使って、具体的な質問に対して答えを出すことをしていく占いの種類になります。その歴史は曖昧で正解はなく、正確な起源が不明ではあるものの13世紀頃から伝わる占いの一種として現代に伝わっています。

実際には古代いにしえの時代からあったのではないかと考えている方も大変多いです。

タロットは78枚の絵が書かれたカードを使う占いのひとつです。78枚には大アルカナ22枚と小アルカナ56枚の二つに分けられ、大アルカナ22枚のみでも占いが成立する形になっています。

私自身は、大アルカナ22枚のみを使用して占いをしています。そしてタロット占いには正解不正解がなく、タロット占い師の数ほどにやり方と絵の解釈があると言われ非常に自由な占いです。

タロット占いには皆様どんなイメージを持っていますか？どうしてタロット占いのカードの絵柄はあんな絵柄が多いのでしょうか？

実は、タロットは偶像画といって「難しい概念」を擬人化したりして分かりやすく明確に伝える図象学の一つなのです。

難しい事柄を分かりやすく伝えて教えるために、はるか昔の先人たちが編み出したものです。人が人として生きていくために大切にしなくてはいけない倫理観や、魂から幸せであること、この人生で達成するように願いを込められた絵柄になっていると私は感じています。

ですので分かりやすく明確である必要があるために、死神や悪魔というマイナスなイメージの強い絵柄が入っています。

マイナスが事前にわかることで対策が取れるわけですから、タロット占いが今日まで世界中に広まっていったのはこのマイナスの絵柄のおかげであるのもあります。

タロットカードは怖いと感じている方も少し見方を変えれば、仲良くなれると思っていただければと思います。

鑑定の現場では、マイナスなカードがでると「やりましたね！死神を引いていいですよ！」と私はよく褒めます（笑）

そこには逆転のチャンスがあり、対策を事前に取ることができるサインなので私は歓迎してお伝えします。

タロット占いは基本ベースに「未来は自由にあなたの思うまま作ることができる。」というのがあります。

ですのでタロット占いでは未来を当てるというより（もちろん当てることはできます）が未来をつくるために、必要な事柄が事前にで出てくるという面が非常に強いです。

引き寄せにしても、占いにしても、自分の未来を創造するためにはイメージの力が大切です。

こう聞くとすごい能力が必要のように感じるかもしれませんが、私たちは24時間365日、未来を創造し続けています。

「私は発想力が少ないから」や「私は何も思いつかない」と感じる方もいらっしゃるかもしれません。

そこに実は偶像画でもあるタロットはお助けアイテムとして使うことができます。意味が分からなくても大丈夫ですので、ネットなどで画像を見たり実際に持っている人はぜひ手にとって眺めてみてください。

そうすると「なんとなくこんな気がする」と思いつくことがあるはずです。そこがヒントです。そしてそれをメモしておく！

こうして難しいと一見考えてしまう壮大なこともなんとなくできてくるというのがタロットの魅力の一つです。

少しのアイデアと発想で人はクリエイティビティを生み出し、自分の人生を自分で作り、そして救うこと導くことが出来ます。

これはタロット占いだけではなく、全ての物事に対して言えることかと感じます。

イメージ強化がいい人生を創造する未来へ足かりになるはずです。

イメージ遊びをして未来を作る時間を作ってみてください。

そして未来をつくるというイメージの力を育成している時、現実逃避とは違う自己対話ができてきます。イメージの育成=自分の人生の創造のヒントになる。ここまではいいのですが、一つ壁が出てくるのが現実との「乖離」です

この現実と考えた未来の「乖離」に対する考え方ひとつで、マイナスに行くか幸せ最大になるかの分かれ道になります。

ではこのイメージした楽しい未来と現実との乖離に対してどうするといいのかというのオススメのひとつが「仮定現実」という方法です。

全ての未来のイメージに「仮にも・・・だったら幸せそうで良さそう」と声に出してみましょう。しかも何回も声に出してみてください。紙に書いてもいいですよ！心の中で思うだけでもいいです。自分の脳が完璧に記憶できるまで何回も繰り返してください。そして「仮にもこうなる自分は楽しそうだな」と感情的に味わってみます。

そこまででいったんストップです。

そこから今、目の前にある現実から小さすぎる小さな簡単なことから、行動していくと決めて、自分に優しくしてあげます。そうして乖離のボーダーラインをあいまいにすると楽しい方向性に少しずつ傾いていくはずです。今、地獄のような状態でもあきらめないで行動すれば、必ず自分自身でいい未来を造り上げれるようになるはずです。

ここまでタロット占いの有効性やちょっとした使い方、自分の未来を創造するというヒントについてお伝えしてきました。

現代では私達はどんな備えをしていても人生の想定外あったり、体験したりして苦しんでしまうことがあります。

でも全ての事柄に学びの意味があるならば、いい出来事も悪い出来事も「あれは私にとって何の意味があるのか？」という自分一人で考えても答えが出ない事柄に対して、回答を出すことが占いには可能です。

タロット占いはその中でも特に明確化するという側面が強くありますから、良いヒントをもらうために触れてみるのもきっと良いはずです。

このスピリチュアルな問いの回答を自己との対話の補助アイテムとして、タロットは時代の変化と共に進化してきています。

万能的なタロットの便利な側面を上手に利用してそして「占いの沼」に嵌らないようにすることもとても大切です。

占いの沼とは全ての事柄占いに依存的なり、全て確認しないと不安で仕方なくなる状態です。失敗したくない！！という想いが強すぎると陥りやすいのでご注意を。

自分自身を占いに対して律することがとても大切です。

自分の中の答えを育成することを大切にしてください。

自分の中の頭の中ではまだわかっていない部分を表面化させて、認識に変化させるためのツールでもあります。タロット占いだけではなく全ての占いに共通する上手な使い方です。そして人生の中に楽しみとして時には虎の巻として様々な占いを使い出した時、あなたの人生が創造に溢れて幸せに満ち、豊かなで魂が喜ぶ人生になって行くと私は信じています。

マトリカ的タロット数秘術

生年月日を下一桁に注目して、その数字にタロットを連動させながら行う占いです。タロットカードを持っている人は絵柄も見ながらよりイメージを受け取ってみると楽しいかと思います。

その数字を持っている人の傾向とアドバイスのメッセージを組み込んであります。マイナスのカードはより強いアドバイスがありますので、よかったらヒントにしてみてください。

「少し当たっている気がするな。そうなんだ」ぐらいに軽く受け止めて人生を想像するヒントにお役立てくださいね！

0から9までの数字で占いを構成してあります。

一九八一年生まれの方は1のページをご覧ください。早生まれとは関係ありませんが、気になる場合は、前年の数字も参考にしてみてくださいね。

下一桁0の人【愚者・運命の輪・審判】

人物傾向：物事を決めたら、行動に起こせる。楽しいことは考えるのは好き。素直なところが年齢関係なく可愛がられる傾向があります。短所は小さなマイナスをいつまでも引きずってしまうことがある傾向がある。気分にムラが出やすくなる。無計画に行動して辛い出来事に遭遇してしまうことがあるかもしれません。

「アドバイス」様々な出来事を学び記憶することで、経験から良い判断ができるようになります。コツコツ続ける気持ちを忘れないことが開運のカギ。チャンスとおもったら感謝で受け取ってください！

下一桁1の人【魔術師・正義・吊るされた男】

人物傾向：人との交流から学ぼうとする姿勢があり、勤勉である傾向があります。器用さを併せ持つ。礼節が小さな頃から身についている。中立的な物事の判断ができる傾向があります。短所はやや柔軟性に欠けるところがあり思い込みが激しい面がある傾向があります。なかなか心の内を人に言わない傾向がある。

「アドバイス」他人からの目線を考え過ぎてつくろってしまうと本当の自分との乖離から苦しくなります。素直さを大切に。

人に何かしてあげたいという自己犠牲が強い面があるので自分にもいいことをたくさんするのが開運のカギ。

下一桁２番の人【女教皇・吊るされた男・節制】

人物傾向：精神的に自立傾向があり、今やるべきことを常に分析していて確実性を好む傾向があります。読書が好きな傾向があり、真面目な人柄がうかがえます。好き嫌いがはっきりしている傾向があります。短所は信用するまで人一倍時間がかかる傾向があります。行動するのにとても慎重派のためチャンスを逃すことがあるかもしれません権力に弱いところもあります。

「アドバイス」視野を広く持ち、環境は自分から選択していく気持ちを持つこと。様々な要因を環境のせいだけにしないことが開運のカギ時には自分が普段しないことをわざと体験すると視野がいい刺激をもらえます。

下一桁3の人【女帝・死神・塔・戦車】

人物傾向：感情表現が豊かで優しい言葉を言える人です。周りからたくさん助けてもらいやすい傾向があります。そして一度決めるとやりきる粘り強さも持っています。短所は感情のコントロールがきかないと人に対して攻撃的になる傾向があります。自分が優先されないと傷つきやすい一面もあります。

「アドバイス」人が自分と同じように考えているだろうと言う憶測で物事を考えるのではなく、正しく明確に話を聞いたりして相手の意思を大切にしておくことが開運のカギ。人の話をよく聞くこともいいです。

下一桁4の人【皇帝・節制・月】

人物傾向：行動的で快活な傾向があります。自分の利益を考えて相手とも協力して物事を進めていく計画性の高い傾向があります。短所は興味がないと何も動かず、冷たく足切ってしまう傾向があります。ミスに対して自分にも他人にも厳しいところがあります。

「アドバイス」物事が成就するには過程が大切であると認識して、時間は人それぞれであると寛大な心を持つことが開運のカギ。発言に気をつけてすぐに意見をコロコロ変えないようにするといいでしょう。

下一桁５桁の人　【法皇・悪魔・審判】

人物傾向：リーダー気質があり面倒見の良い傾向があります。ひたむきに努力できてそして結果を出して行けます。社会の役に立ちたいと考える精神性の高い傾向があるようです。短所は学歴や実績などで人を見下してしまうことがたまにある傾向があります。目上に対して八方美人的なところがあります。

「アドバイス」自分が望んで今の立場があると周りへの感謝の気持ちを常に忘れないようにして人に対して執着しすぎないことが開運のカギ虚栄心にならないように気

を付けるいいでしょう。

下一桁6の人【恋人・塔・世界】

人物傾向：好奇心が強く様々なことを楽しむことができる傾向があります。個性的で独自の感性が周囲に認められる傾向があります。短所はすぐ諦めてしまうところがあり、一人では行動するのが苦手な傾向があります。人に対して甘え過ぎてしまう傾向がある。

「アドバイス」相手や物事の線引きを大切にして自分で選択するという自己責任の意識をもつこと。失敗を恐れないことが開運のカギ

周囲の意見やアドバイスを忘れないようにメモしたり、簡単な方へすぐ逃げないようにすると喜びごとが倍になります。

下一桁7の人【戦車・星・恋人】

人物傾向：目の前のことを正面からぶつかって行けるメンタルの強さと行動力がある傾向があります。知恵や知識を吸収するスピードが速く失敗が少ない傾向があります。短所はライバルがいるとどんな手を使っても勝とうとする野心剥き出しになる傾向がある。悲観的に物事を考えてしまうとなかなか復活するまで時間がかかる傾向があります。

「アドバイス」計画的な行動指標を作ると人生がスムーズに進みやすくなります。周囲にも助けがもらえそうです。ひらめきが降りてきたらメモを取りましょう。そのアイデアは様々なところで役立てていくのが開運のカギ

下一桁8の人【力・月・女教皇】

人物傾向：ひとりを楽しむことができて礼節を大切にする傾向があります。社会的弱者に対して助けたいボランティア精神が強く人の役に立ちたいと強く考える傾向があります。中立的で平和主義なところがあります。短所は言葉不足で誤解を招きやすい傾向があります不安になると不眠になりやすい傾向があるようです。

「アドバイス」社会的な大きなことをしたいならば自分一人の力で何とかするのではなく、人と共に協力しながら行うとより大きな成功につながりやすいです。一人の時間を上手に活用すると願望が明確になり開運していくようです。目に見えない世界へのあこがれも強いため、スピリチュアル、精神世界を学ぶといいより役立てれるでしょう。

下一桁9の人　【隠者・太陽・運命の輪】

人物傾向：こだわりが強く、他人から尊敬を集めれる傾向があります。忙しくても段取りよく物事をこなして行ける器用なところがあります。ポジティブなこととマイナスなことに対して冷静に分析する着眼点を持つ傾向があります。一人の世界に入り込むと周りが見えなくなるが才能をあわせもつ傾向がある。短所はたまに失言から人との関わりを自分から手放してしまう傾向があります。偏屈さがでてくると独りよがりになり、他人にたいして冷たい態度をしてしまう傾向がある。

「アドバイス」辛い時は自分のことを少し紙などに書き出したりして自分のことを

冷静に分析していくと良いようです。計画を立てたりする時間を大切にすると自分の心を癒すことができます。

最後にオリジナルの数秘術とタロットを組み合わせた本邦初公開の占いをお届けして私のパートは終了しました。

ここまでお読みくださりありがとうございました。

皆様の人生が全てうまくいくことをお祈りします。

【著者紹介】野田侑李（のだ・ゆり）

鑑定歴19年以上。愛知県在住。

今まで販売員、飲食店のマネージャー、カフェプロデューサー、外資系生命保険会社営業を経験。お客様からの裏切りや自分の営業成績の低迷により退職。自暴自棄になっていたが東日本大震災をテレビだったが目の当たりにして「私は何で生かされたのか？」と考え、自分に起きた事なんて塵以下だと思い「いままで好きな仕事できたのだから、これからは人の役に立てていこう」と決意。

二〇十一年八月　愛知県小牧市に占いサロンマトリカをオープン。鑑定実績人数はサロン開業以来約一万人以上年間850人以上を鑑定する。

「言葉の力」を信じ、クライアントの人生に可能性を見い出し、悩みが解決する独自手法にたどり着く。
当たることや伝わる鑑定を大切にし、人に寄り添いながら、人生を明るい未来に導く独自手法の「マトリカ式スムルタロット占術」を伝授している
豊かで楽しい占い師が増えるよう後進の育成も行う。現在、弟子（マトリカ式スムル占いExpert（プロ））は全国に20名。

著書に人気を博し増刷した『ルシャナルータロット』がある。

趣味はカフェめぐり、神社仏閣めぐり、猫スタッフ２匹とともに日々を送ること。
インスタグラムは以下のＵＲＬです。
https://www.instagram.com/matorica.nodayuri/?hl=ja

第6章　てとて

身体から知るスピリチュアル

私は福岡で「てとてカイロプラクティック」の院長をしております「てとて」と申します。

カイロプラクティック、セラピー、エネルギーワークという業界に身をおいてただいま約20年。これまでのセッション件数は5万件以上。九州のみならず全国にお客様がいるという非常にありがたい日々を歩ませていただいております。

現在てとては『一見様お断りご紹介制』。日々、老若男女色んな『症状』や『お悩み』を持った方がいらっしゃいます。腰痛や肩こり、アレルギーといった慢性症状はもちろんのこと、心の悩み、例えば「夫婦関係」や「職場同僚とのコミュニケーション」に関するもの。さらには『目には見えない領域』、つまりはスピリチュアル関連領域の悩み・お尋ねまで。

創業当初は骨の歪みを診る、筋肉のコリを診るようなごくごく普通のカイロプラクティック院だったのですが、様々なヒトとの出会い、そして開業後の学びの結果、現在では「てとてさんは一体何屋ですか？」と言われる位、お客様から寄せられる相談内容の幅が広がりました。しかし「頼まれ事は試され事」。過去一度もやったことがない依頼が来る時もありますが、しかし逆に「来る」ということは、私はそれを解決できる可能性を持っているあらわれだと信じて、今できることを全力で取り組ませていただいております。施術のスタイルも様々。その方に合うようにその都度変えています。

私がセッションで心がけていること。それは『心・身体・魂がいかに一体化してゆけるか』。心と身体がチグハグな方は多いですね。分かりやすい例えだと、口で言っている事と実際の行動がチグハグ。

抽象度が高めの言葉を使うと『顕在意識と潜在意識の風通しが悪い状態』であるということですね。『風通しが悪い』、つまりは自身の心の奥にある信念や価値観、純粋な欲求に氣づいてないということ。その『風通し』をいかに良くしてゆくかを念頭においてセッションする事が多いのですが、私の場合は『キネシオロジー手法』を用いて行っています。

キネシオロジーとは「身体を検査器具にする」というもの。この日本で最も有名なキネシオロジーは「Oリング」でしょうか。身体を検査器具にすることで、お客様の生体エネルギーの乱れを観察し、不調部位や心の状態、食べ物との相性などを診断していきます。

さて、少し小難しいことを喋ってしまいましたが、そのようなセッションを繰り返してゆくと、たくさんの驚きと発見に出会います。今回はその中でもすぐにお役に立てそうな情報やスピリチュアルに関するいくつかをシェアしていこうと思います。

名前のチカラ

皆さんが普段口にする、耳にするもの。それは『言葉』ではないでしょうか？

以前『コトバのチカラ 魔法のコトバ』と題したイベントを開催したことがあります。これは、自身が発する言葉、そして相手から受ける言葉にはどれほどのエネルギーがあるのか。それを身体で感じるワークショップです。

「言葉は言霊」なんて良く巷では耳にしますが実際のところどうなのでしょうか？

そして「良い言葉」「悪い言葉」とは何なのでしょうか？今から代表的なものをかいつまんでご紹介させていただきますね。

まずコミュニケーションを代表する言葉に『名前』があります。自己紹介する時は必ず名前を口にしますね。

今あなたが目にしているのは本の文章なので体感ワークが出来なくて申し訳ないのですが、私は「体感系エネルギーワーク研究家」ですので、パフォーマンスアップさせるものは何か？生体エネルギーをアップさせるものは何か？と常に探し続けているのですが、そのエネルギーアップに「名前」や「あだ名」があります。例えば私の場合だと

「私の名前は眞子洋一（まなごよういち）です」

「私の名前はてとてです」

と言うと身体にしっかりチカラが入るようになります。

逆に「私の名前は田中です」と言うと身体のチカラが抜けてしまいます。チカラが

抜ける理由は簡単です。ウソをついているからです。私たちが言葉を扱う時は脳を使っています。

脳は認知によってパワーコントロールを行います。つまり「自分が何者か」という認識によってパワーが上がったり下がったりするということです。

余談ですが「自己紹介が上手くなるほどに自信がついてくる」と言われています。え？なぜかって？だって『自信』って「自分のことを人に言う」と書くでしょう。今「名前にはチカラがある」ということを喋ってますが、たまに「名前」または「あだ名」を発すると逆にパワーが落ちる方もいらっしゃいます。

この場合は、恐らく過去の出来事が関わっているでしょう。

例えばその「あだ名」がついた時代にいじめられていた、とか。

先ほども言いましたように脳は認識によってパワーが上下します。

その場合は自分のエネルギーが下がらない違うあだ名を利用する。

または「新たな名を創る」というのも一手でしょう。

新しい名前は、最初は脳の認識が弱いのでチカラが入りませんが、3週間もすると定着しチカラが入るようになります。
あ、ちなみになぜ3週間なのか知っていますか？
巷でも「まずは3週間やってみましょう」という言葉を耳にしますよね。
まず1週間は7日ですね。『7は循環数』と言われています。
月火水木金土日、巡り巡る循環ですね。
そして『3は決定数』と言われます。「ホップ・ステップ・ジャンプ」も3ですね。
その循環数7と決定数3が掛け合わされた結果が21日。
決めたものが回り出すための準備日数は3週間となるワケです。

話を戻しましょう。さて、先程あだ名の話をしましたが、もし本名でチカラが入らない場合は考えものです。
もしかしたら、あなたが信用できるセラピスト・カウンセラーさんから何かしらのメンタルブロックを解除するようなセッションを受けた方が良いかもしれません。

分からないの使い方

さて、今度は普段使いしている言葉に目を向けてみましょう。

私は講座・イベントをよく開催させていただくのですが、その時に必ずといってよいほど『ある言葉』を耳にします。それは

「わからな〜い」

ヒトというのはホントに「分からない」を口にする。あなたも一日のうちに何度となくこの言葉を発しているかもしれませんね。しかしこの「分からない」という言葉もまたあなたの身体パワーを下げやすい代表的な言語であるという事を知っておかなければなりません。パワーを下げるとは身体の中で何が起こるのかと言いますと、脳に緊張が入り、リラックス状態ではなくなりエネルギーの回転率が下がるということです。

「回転率？」ときっと思われた事でしょうから補足しますと、エネルギーって回転

してるんです。

例えば、化学の教科書を開くと『原子』が載っています。原子は丸い形で図に表されていますね。ではなぜ丸い形をしているのかというと、原子は超高速で回転しているので丸い形に見えるんですね。「万物はエネルギー」とよくいわれますが、私たちの身体も細かいレベルで見るとそういった回転しているものの集まりであるということです。

その回転スピードは自身の言葉一つにも左右される。その中で特に皆さんが使っていると思われる下がる言葉が「分からない」。

当然ですが回転スピードが下がれば現実世界で使用するパワーも下がります。マザー・テレサが「言葉に気をつけなさい」とおっしゃっていますが、まさにその通りであるということですね。

「じゃあどうしたらいいの？分からないと言わないようにすればいいの？それとも分からないものもわざと分かるって言えばいいの？」

といった疑問が湧いてくるでしょうから、ここからは『分からない対処法』をお伝えしましょう。先に答えを言ってしまいますと

「今のところ分からない」
「現時点分からない」
「知らない」

という言葉に言い換えるクセをつけてゆくことです。時間的要素を加えるのがポイントです。そもそもなぜ「分からない」がパワーを下げやすいのかといいますと、脳が『闇』を感じとっているからです。つまり「この先、ずっと未来永劫分からないままなのではないか・・・」という闇。ヒトは本能的に光を欲する生き物です。なので、自身で発する言葉に光を盛り込んでいく必要があります。その要素の一つに時間的言語があります。それらを加えることで脳は

「今は分からないけれど明日は分かるかもしれない」

「現時点分からないだけで夕方にはある程度分かるようになるでしょ」

「知らなかっただけだからこれから知ればいい」

といった可能性を感じ得ます。私たちにとって『可能性は光』なのです。

自身が、相手が、どんな言葉だとエネルギーが増すものか、元気になるのか、やる気が湧くのか考えたことはありますか？皆が『光』を感じる言葉を多用してゆくと、もっともっと豊かな世界になってゆくことでしょう。

過去世が今生に与える影響

実をいうと、てとて開業以前まではヒーリング・気功の類やらスピリチュアルといった目に見えない一切を全くもって信じていませんでした。

「氣？んなもんあるかー！怪しい怪しい」と皆に言って回るくらいの現実主義者。

それが、今はどうでしょう。ヒトは出会いと氣付きを繰り返すことでどこまでも変わってしまえるものですね（笑）。

さて、あなたは「過去世」というものを信じますか？過去世というのは「前世は○○してた」とかいうアレです。

私は自身の過去世を何度か観た事があります。過去世を観に行く代表的な方法は瞑想があげられます。同じ目的を持つ仲間と共に瞑想をすると共鳴を起こし、より観やすくなるでしょう。

では私の過去世は一体どんなものだったのかというと、いくつか挙げてみると、ピラミッドで内壁画を描いてるヒトだったり、インディアンの首長だったり、オオカミだったり！（笑）

特にオオカミの時はビックリしましたね。瞑想で行き着いたところが雪山の風景。辺りを見渡すと誰もいない。少し歩いてみると崖があって、下を向いてみると

「あれ？脚が毛むくじゃら！足が動物！？オレ人間じゃないやん！」

ということでホワイトウルフだったんですね。動物経験もちゃんとしてるみたいです。

私の周りにはスピリチュアルな事が大好きで過去世を知る方が多いですね。ちなみにスピリチュアルのセッションで「過去世ワーク」とか「先祖カルマ（業）の解放」とかありますが、過去世と先祖カルマ（業）は当然違います。

過去世は生前の自分の情報、先祖カルマは先祖の情報が（良い意味でも悪い意味でも）自分に伝えられているという事です。なんてことを言うと決まって

「てとてさん、先祖カルマなんてホントに存在するのー？」と質問がありそうですね。

さっきも話した通り、私もスピリチュアルは一切信じていなかったので気持ちはわかります。しかし、今やマウスの実験で、親マウスの記憶が子マウスに移る事が証明されています。実験の内容はマウスに特定のご飯を与える時だけ電気ショックを流す、というもの。当然そのマウスはそのご飯が出た時はそこに近づかなくなります。後に

そのマウスから子供が生まれます。

すると、その子マウスには電気ショックを与えていないのにもかかわらず、そのご飯に近寄ろうとしなかったのです。

つまり親マウスの情報が受け継がれたということ。しかも、その記憶は十代先まで受け継がれたのです。


マウスの脳のサイズでそれだけ移るのだから、それよりも大きなサイズの人間脳にも刻まれないワケがないと考えるのが自然でしょう。

そしてそれよりも長い期間記憶される可能性も否定できないでしょう。


では私の過去世に話を戻しまして、その当時思ったのが「なぜ自分はセラピストをやっているのか？」という疑問です。

そしてその理由が前世の体験にあるのではないか？と思ったのです。


早速自分で瞑想ワークを行って前世を調べに行くと、そこには「医者」の私がいました。しかも出てくる場面は戦時中のテント・・・。手当てして送り出して、手当てして送り出して、手当てして送り出して・・・。

前世の私は心で無情を叫んでいました。

「医とは何だ！」
「なぜ死に向かう者を、殺す者を治してるんだ！」と葛藤していたのです。
それで分かったのです。だから私は今世、セラピストをしているのか！

「闇に送り出せる者ではなく光に送り出せる者でありたい」と。

さらにその瞑想直後から自分のメンタルを深掘りをしていくと、どうしても変わる事がない想いが出てきて、それが何かといいますと、もしホントにヒトが転生を繰り返しているのならば

「その繰り返し生きて来た中で、誰もが史上最高の世を送って欲しい」
ということ。史上最高の世を送る為の土台となるものは絶対に「心」「身体」「エネルギー」。

このバランスそして活性化！

その為に『音叉メソッド』『エネルギーボディワーク講座』といったセラピーや『ゆる玉』といったパフォーマンスアップグッズ等の開発をやっているという、前世から自分がなぜそういう想いになるのか、という理由を自分なりに割り出せたわけです。

なぜ今の自分はこんな状態なのか。なぜこういった事になると躍起になってしまうのか。

そういった謎の奥にはもしかすると過去世や先祖の記憶に隠されているのかもしれません。

次はそんな臨床報告を一つさせていただきますね。

臨床報告：過去世からのクセ

あるお客様のお悩み。それは「家に引きこもる性格」。と、言っても別に家から出ないワケではありません。人に会う予定だったり仕事のスケジュールがあったりすると、何故か必ず「時間ギリギリ一杯まで家から出れないクセ」があるというのです。時間ギリギリで出るから、到着も時間ギリギリ。いや、遅刻もかなり多いらしい。本人は「早く出なきゃ！」と頭では分かっているのに「何か」がソレを止めると言うのです。ではその「何か」とは一体何なのか？そこを知りたい！ということでキネシオロジーを利用したセッションをスタートしてみると・・・ご本人の時系列（過去・現在）の体験では何も反応が見られない。

ということとは、と調べをすすめていくと、どうやら「過去世」にあるらしいという事が判明。

そんな話をしてゆくと、実はコチラのお客様は昔自分の「過去世」が知りたいと占いにドはまりし、実に１００軒以上巡ったというすごい方！

その占いのほとんどで、あらゆる過去世において「位が高い」時代が多かったらしく、庶民的な生活が少ない、と言われたというのです。

更に調べをすすめると過去世のキーワードに「義務」と「恥ずかしい」というものが出てきました。

分析結果を先に言うと、位の高い人間が大勢の前に出る場合、威厳を保つ為にわざと時間を遅らせてから表に出るようにと周りの「お付き」から言われていた、ということです。

最初、本人は「そんな、人を待たせるなんて！」と思っていたが、周りからそう指示を受けていたのでいつの間にかそのスタイルのクセがついた、というものでした。

更に人目にさらし続けると本人の威厳や価値が下がる恐れがあるため、ギリギリまで必要以上に表に出ないよう指示を受けていた、ということも判明例えば「代々伝わる家宝を貴方様だけにお見せしようと蔵から持ってまいりました」と言われて見せられると、凄く貴重な価値のあるモノに見えたりしますよね。ソレと似たようなものでしょうか。

さて、原因探しはとりあえず終了しました。次は「なりたい自分」へ持っていくよう捉え直しアプローチしていきます。

「あなたはウチから出たくないのではなく価値が下がらないように表になるべくさらされないように指示をされていただけです」という認識施術を行い

「表にさらしてもあなたの価値が下がることはない」

「遅れること＝威厳を保つ義務」から「相手を待たせないこと＝コミュニケーションを円滑に行う手段」等の捉え直し施術を行いました。

結果「カラダ中がスースーするーー。今日はよく寝れるわー」お客様は不眠症でもあるのでした。良かったです。

臨床報告：死者は幸せを感じている

てとてには様々なお客様がお見えになります。今ここではスピ系施術をメインに話してしていますが、別にスピリチュアル系領域に入り込まずとも改善するものも沢山あります。しかし入り込まなければ解決できない事も多々あるのは事実です。この解決という部分で最も重要なのが「本人が腑に落ちるかどうか」ということです。どこで納得するか、できるのか、それはヒトによって大きく異なります。施術家は常にその範囲を広げる努力を怠ってはいけないと思います。そしてここでは目に見えない領域に踏み込まなければ腑に落ちないケースをご紹介します。

ある日、突然あるお客様が店のドアを開けるなり、「てとてさん！ちょっと！お父さん呼んで！」と言うのです。

はぁ？話を聴くと、昨日父親が病院でお亡くなりになって、ずっと意識不明で酸素マスクを着けたままお亡くなりになったため、父親と会話が出来ないままお別れしてしまったそうで。なので、ここに父親の魂の呼び寄せてしゃべりたいと言うのです。

「え？てとてさん霊とおしゃべりできるの？」という質問が飛んできそうですが、臨床研究上お亡くなりになって四十九日以内であれば、割と呼び寄せる事は可能ですね。

お客様が呼んで、父親の魂がお客様のオーラ内に来ると、共鳴を起こし、身体の反応を利用した対話が可能です。ではどのような会話をしたのか。皆さん氣になりますよね？なのでいくつか質問形式にして抜粋したものをご紹介します。

【質問1】身体から抜けたときの気分はどうでしたか？
「ビックリしたよ！」「フッ！って感じよ」「うわっ！私がおる！って感じ」

【質問2】今のご気分は？
「爽快！もー軽くて軽くてー！」（臨床経験上、病死の方ほど身体から抜けると爽快感で満たされる傾向があります）

【質問3】周りの方々に何か言いたいことあります？

「別に私のことで気に病まなくていいよー、私の周りじゃああなたしか話分かる人いないんだから。あなたのような人が私の近くにいてホント助かったわ」（てとて感謝される）

【質問4】魂だけになってからどっか行きました？

「行ってる行ってる！すぐどこにでも行ける！パリも行ったし北極も南極も行ってオーストラリアにも行って」（一瞬で世界中の行きたいところに行けるようです）

【質問5】一瞬でいろいろ行けるのは分かりましたが、逆に行けない場所ってありますか？

「宇宙！地球から出ようとすると途中で止まって進めないのよねー」（地球の上層のエネルギー場が邪魔している？）

【質問6】魂だけだとやはり味はしないんですか？仏壇にごはんをあげると、そのごはんの味は変わるとはよく言いますが？

「通ると何かしら感じはするんだけどね、味まではしないよね」

【質問７】魂だけになってても生きてた時の記憶は遡れるんですか？

「遡れるよ。もう生まれた時の記憶から鮮明に出せるよ！コレ不思議よね。生きてる時は小さいときの事とか全然思い出せなかったのに」

【質問８】じゃあ前世とかも思い出せるんですか？

「全然思い出せないわねぇ、って前世とかホントにあるの？転生とかもホントにあるの？」

【質問９】映画「ゴースト」で霊が物に触れるシーンがありますが、あなたも触れますか？例えばこの　１円玉を動かせますか？（テーブルに１円玉を置いてみる）

「う〜ん〜ムリだなぁ」

【質問１０】あなたの人生の満足度を１０点満点で表すと何点ですか？

「10点満点中・・・12点」

ここは私にとっては予想外の結果でした！病気で亡くなっても人生の満足度は10点以上だったのです！死者は人生に満足していた。

我々生きている側は「お金持ちじゃなきゃ幸せじゃない」「やりたいことやりきらなきゃ幸せじゃない」と死んだら後悔すると思い込んでいるフシがあります。しかしこの回答が事実だとすると実はそうではない。

つまり私たちは時間の長さや内容に関わらず、何かしらの喜怒哀楽を体感する行為を得ただけで幸せに満たされるいうことになります。

怒っても悲しんでも、亡くなればそれもまた人生の満足の一部となるということになります。

そういえば私の守護霊がこんな事を言ってました。「ヒトがホントの意味で悟りを開くのは死ぬ時だよ」と。

さて、いかがでしたでしょうか？
目に見えない領域はまだまだ可能性に溢れていますね。
これからも「心」「身体」「魂」の観点から研究を続けて行きたいと思います。

【著者紹介】 てとて

日本音叉メソッド®エネルギーアップ協会代表。体感系エネルギーワーク研究家。てとてカイロプラクティック院長。健康グッズ『ゆる玉®』開発者

一九七九年生まれ、佐賀県出身。心と身体、そしてエネルギーに耳を傾けたキネシオロジーを駆使したアプローチを続けている。セッション件数5万回以上「誰もが魔法使いのようにエネルギーを簡単に操れるようになって、幸せを引き寄せるにはどうすれば良いのか?」「エネルギーワークでこの社会に貢献出来る方法はないか?」日々そのような事を意識しながら、セラピストの育成、セルフケア、パフォーマンスアップ法、エネルギーグッズの研究を進め、国内外で伝えて回ってる。

30歳で独立、福岡の平尾という地に『てとてカイロプラクティック』をオープン。外部イベントに出展する事がきっかけで、コラボ依頼が増え、全国各地でエネルギーワークの講座を開催するようになる。最近では『トータルヘルスデザイン』様からも

お声掛けいただき定期的にイベントを開催。現在店舗でのセッションは「一見様お断り」としながら、各地にて施術会を開催。日々の臨床研究から様々な講座を展開中。
大切なことは心と体と魂が一体となって人生がより豊かになっていくこと。命輝き、日常の中に輝きが溢れてくるキッカケをサポートできればと思っております。

【主な講座】
「てとて式音叉メソッド®」「パフォーマンスUPやる氣スイッチON」「TRIメソッド癒し人養成講座」「金運スイッチON」「てとて式セルフメンテナンス」「無重力リラクゼーション」「プロスキル講座」他

【主な開発グッズ】
健康グッズ「ゆる玉®」「ゆるピロー」「ゆる棒」／5G電磁波対策カード型御守り「YuruCA 5G black」他

てとてカイロプラクティック　福岡市南区大楠2丁目19の24　エースハイム平尾1F

第7章　丸井章夫

シンクロニシティを活用して幸せを切り開く

サイキック能力を高める方法

基本的に筋肉は筋トレをすれば、筋肉は必ずついてきます。それと同様に精神も良質な読書や、悟りによって、高まってきます。

それと同様にサイキック能力も、実は、練習によって増大してきます。

サイキック能力が高まると、危険を事前に察知して回避できたり、決断をするうえでシンクロニシティが増えて、決断しやすくなるなどかなり生活する上で役に立ちます。

どのようにしたらサイキック能力を高めるかという方法を書きます。

あなたは時々、ふとした時に、人の顔が浮かんできたりすることはありませんか？

私はよくあります。例えば、手相のお弟子さんの顔が浮かんできたりします。そうすると、その顔が浮かんだ時間に、ちょうど手相のお弟子さんが鑑定予約システムを通じて鑑定を申込んでいました。

また、よくあることで言えばお客様の顔が浮かんできて「何かな？」と思ったら、その時間帯にその方からメールが入っていました。

先日も鑑定中に、ふとお客様の亡くなったお母さんの顔が浮かんできて「お母さんはこのような顔ではないですか？（頬骨に特徴がありますよね）」とお客様に聞いてみたら「今日たまたま母親の写真を持っています！」と言って見せてくれました。頬骨に特徴があって全く同じ顔でしたので、確認が取れたりします。

誰でもできる訓練はこうです。もし、誰かの顔が浮かんできたら、その方にメールや電話をしてあげてください。そうすると「ちょうど、君に連絡しようと思ってたんだよ」というように言われるかもしれません。相手があなたのことを想っていたかどうか確認がとれたりします。

また、直感を信じて行動してみるのも良いです。例えば、道で迷った時に、左と右の2つの道があって、「どちらに行こうか」思案した時に直感でこっちの方向と思った方に行ってみるのです。意外と正解なことが多いのです。

このようなことを意識的にやっていくと、直感力が研ぎ澄まされてきてシンクロが増えてきます。

そうすると、さきほども書いたような危険察知や幸運招来の方法を自然と分かるようになっていくのです。

心あたりがある方もいらっしゃると思います。

せっかく人間にある第六感ですので、磨いていけば、かなり役に立つ能力になりますので、このようなことを今後は意識していくと人生がもっと楽しく有意義になっていくと思います！

電化製品で未来の行く先が分かる方法

自分の身の回りに起きる現象からその意味や未来の行く先を分かる方法があります。これは「現象占い」というものです。

例えば、もしも、「彼（彼女）と本当に結婚して良いのか」とか「この方法で間違いないと思うんだけど、どうかな・・・」という悩みがあった場合に、電化製品の調子で未来を占う方法があります。

お客さんも言っていましたが、この方法で未来の災いをさけることができたという例もあります。

Ｓさんは前に、まず自宅のプリンターが突然、動かなくなったそうです。そして、翌日、会社の自分の部署のプリンターも故障してしまったそうです。その翌日、今度は会社のＰＣがいきなり強制終了したかと思ったらうんともすんとも言わない状態になり、壊れてしまったそうです。

それで彼女は、以前、私のセッションでの「電化製品が連続で故障した時はとにかく気を付けたほうが良いですよ」という言葉を覚えていて自分の身の回りに起きていることを振り返ったそうです。

悩んでいるのは、彼からのプロポーズの返事なのでした。実は彼はあまり評判が良くなかったのですね。それで、電化製品の件もあり、思い切って断ったそうです。

その後、彼が結婚詐欺の常習犯であったことが分かり、「彼と結婚しなくて良かったです！」という結果になったのでした。

電化製品は教えてくれていたわけです。彼は結婚相手にはふさわしくないですよ！と。

これはシンクロニシティーで判断する手法なのですが、電化製品はすぐ教えてくれます。

未来が良い場合は、電化製品が懸賞で当たったりします。また、壊れません（笑）不思議に未来が良い場合は、良い内容のメールが沢山届いたりするものです。

どうして、こんなに電化製品が未来を教えてくれるのか本当に不思議ですが、実は私も最近、未来の災いを電化製品の故障から、見破って事なきを得たので皆さんにも、この判断方法を知ってもらいたいと思って書きました。

現象占いでの代表的な判断の仕方

現象占いではあなたに起きた出来事やあなたが見たものが、ツイテいるものかツイテいないものかで判断をしていきます。

例えば、遭遇すると良いものでは「カメ」「カニ」などが代表的なものです。それらを見たり会ったりすると近々、大きな幸運が起きます。

ただし、動いているカニには現代ではなかなか滅多なことで会えないので、カニを食することで幸運を掴むことができます。

逆に遭遇するとその後、良くないことが起きるものもあります。ここであまり書きたくないのですがゴキブリはその最たるものです。

夢占いも現象占いの範疇と言って良いでしょう。良い夢も沢山あり過ぎますので一例と言うことで紹介しますと火事の夢を見ると大金が入ります。また、人を殺す夢（人が殺される夢）も大吉で人生最大級の良いことが起きます。

悪い夢も沢山ありますが、ここでは悪いことにフォーカスせずに夢占いも日常生活に役に立てることが出来ますよ、ということを知っていただければそれでＯＫです。そうすれば、今までの単なる夢が、意味のある「夢」になることでしょう。

携帯番号で現在の自分、未来の自分を占う

これは携帯番号の数字を一桁になるまで足していって、その結果で占うものです。

それは全部足していくと残りの2つの数字になって、最後、一桁になるわけですが、その数字が「1」、「3」、「5」、「8」のいずれかになるととても良いです。

なお、「9」は悪そうに思うかもしれませんが実は吉数です。

避けたいのは「2」「4」

「2」は分裂の数、迷いやすくなる傾向があるようです。

「4」は完成の数、発展させようとしたら他の数にしたいですね。

それ以外は基本、大丈夫です。

これから良い数字に変える方は急に運気が良くなります。私の以前の携帯番号は全て合計すると結果、「8」という数字でした。8は現実的に着実に成功していく数字で、この番号に変えてからグッと運気が良くなり、変えたその直後にサンマーク出版さんから「あきらめ上手になると悩みは消える」を出版することになりました。

それ以降もすばる舎リンケージさんから「幸運を引き寄せたいならノートの神さま

にお願いしなさい」が3万部、宝島社さんから「引き寄せノートのつくり方」が4万部のベストセラーになるなど結果が出続けています。

そして、これからの出版も決まっていて楽しみになっています。

アストロ風水の魅力

アストロ風水とは私が命名した行くだけで開運してしまうという不思議なスーパー開運法です。行くと2ヶ月以内に効果を実感される方がとても多いのです。

アストロ風水は、自分にとって良い場所、運気が上がる場所を知ることが出来るもので、一人ひとりの誕生時の惑星の配置（ホロスコープの出生図）を世界地図に一定の法則を加味して投影したものです。


これには、驚くことに、個人の可能性を最大限に活かせる場所が幾つも記されています。この開運法に出会ったきっかけは私のお客様で吉方位旅行に行ったにもかかわらず、いまひとつ大きな開運がないといった声を偶然聞いたところからでした。

名古屋から西にある島根県は出雲大社に恋愛・結婚を望んだ女性が吉方位旅行に行きました。時間にして三泊四日、距離も吉方位旅行に必要な百キロメートルを優に超えているものでした。

それにもかかわらず、一年たっても何も恋愛に音沙汰がなったと言います。

普通は恋愛・結婚の方位の吉方位旅行に行けば、一年以内にほとんどの方が結婚に結びついたりするものですが、それがなかったというからまさに一大事です。

それで方位以外に何か要因があるのではないかということで調べに調べた結果、個別に土地に固有のエネルギーを感じるものがあることが分かったのです。

それでそのお客様を調べてみると、なんと出雲大社の真上付近に土星ラインが通っていたのです。土星ラインは大変厳しいことが起こるので、たとえ吉方位で行ってもなかなか結婚の芽が出なかったわけですね。

それから、吉方位の際にもアストロ風水も加味して考えた方が良い！と私は声高に言うようになったのです。

さて、アストロ風水は生年月日と出生時刻、出生した市町村まで分かれば一人ひとりのオリジナルのあなただけの「アストロ風水マップ」を出すことができます。

これは世界中のうち、どこがあなたにとって幸運を呼ぶ場所か沢山分かるものです。

ひとつひとつの惑星のラインは実は様々なところを通っています。


アストロ風水は方位学とは考えを異なるものですが、私の鑑定においては、その両方を活かす法則を発見しておりますので、どなたでも知って頂けたらすぐに行動できることをアドバイスすることが可能です。

なお、アストロ風水は行ってから３ヶ月以内に強い効果が出ることが大変多いです。

それぞれのラインの説明を簡単に行います。


太陽ライン・・地位、名誉が授かる場所。良いことばかり起きてくる。

木星ライン・・棚ぼた式に大いになる幸運が授かる場所。

金星ライン・・恋愛・結婚、金運に効く。楽しいことが起きてくる。

水星ライン・・意思の疎通が上手く行く。仕事運が上昇してくる。

月ライン・・・人気運、恋愛運が上昇する。様々なツキが出てくる。

火星ライン・・・スポーツで良い結果が出やすい。事故に注意の場所。

土星ライン・・・厳しい修行に相応しい場所。勉強や留学には吉。

海王星ライン・・・気持ちが癒される場所。雰囲気に流されやすくなる。

天王星ライン・・・大きな転機が訪れる場所。改革断行には大吉です。

冥王星ライン・・・体調低下になりやすい場所。復活を遂げる意味も。


さて、数年前ですが、非常に記憶に残るお便りを頂いたことを思い出しました。


「丸井先生へ。こんばんは、吉方位旅行無事帰って来ました。

チェジュ島では賭け事が好きではない主人にせっかくだからゲームセンター感覚でとカジノを誘って挑戦してみました。まず簡単なスロットから千円位使ったところで主人が当たり2万円5千円位出て、それを元手に二人でルーレットで三時間くらい遊ぶ事が出来、約三万円勝つことが出来とても楽しい経験をしました。

やはりチェジュには星が通っていたからでしょうね。(後略)」

今読み直しても、それはそれは、大変ツイていましたね！

吉方位とアストロ風水の星が通っている場所は特別な場所ですからこういうことはよくあります！それを実感出来て、大変貴重な体験をされましたね。

実はこのお便りを思い出したのは、最近、海外から私のセッションにいらっしゃる方が多く、そこでアストロ風水鑑定で、世界の様々な場所の意味を読み解いているからです。

だいぶ前になりますがドイツからお客様がいらっしゃいました。

ドイツ在住の方は現在、福岡に年の半分くらい住んでいるらしいのですが「ドイツは良い感じだけど、福岡はあまり合わない気がする・・・」とおっしゃって、確かにその通りでドイツをはじめとするヨーロッパはアストロ風水的に素晴しく良い場所で、福岡は残念ながら今ひとつの場所でした。

お客様曰く、福岡に住み始めてから体調がおもわしくないとのこと。考えさせられますね・・・。

やはり、方位だけでなく、アストロ風水で住む場所も考えたほうが良いですね！

さて、「文豪」として知られるアーネスト・ヘミングウェイは流浪の旅人のような人生を送りました。彼は、世界中を旅しました。次に示された、星のラインに反映されている、彼の人生における、いくつかの例は次のようなものです。

・彼はパリを大変好みました（木星ラインがパリ近辺を通過しています）

・キューバにおいては海岸沖の海中を巡回する仕事を行いました。（冥王星ラインがキューバを通過しています）

・ウガンダにおいて2回も飛行機事故に遭遇しました（火星ラインが通過しています）

このようにハッキリと強い影響を受けているのが分かります。

また、以前の鑑定のお話ですが長年おつきあいがあるとても良い彼がいるにもかかわらず、なぜか結婚に至らなかったSさんが嬉しそうに鑑定に報告でいらっしゃいました。

これは以前のアストロ風水鑑定でSさんにとって沖縄に結婚成就の金星ラインが通っていることが分かり、Sさんは吉方位に関係なく思い切って沖縄に行った結果です。本当に嬉しそうでしたね。

ある方は、コミニュケーションの意味がある水星ラインの場所で（この方は浜松でしたが）で、浜松でドライブ中にいきなり彼からプロポーズされたそうです。

また、私のアストロ風水鑑定を受けに結構な外国人のお客様がいらっしゃいます。ロシアのバイカル湖近くのイルクーツク出身の女性のセッションが印象に残っています。普段は兵庫県に在住とのこと。たびたび名古屋の私のオフィスにいらっしゃいます。

アストロ風水で確認しましたらなんと日本に金星ラインがあるではないですか！ロシアにはモスクワ等に星のラインがなかったので地元ではなく、このように日本という異国にご縁ができてしまったようですね。（日本語が本当に堪能な方です。）不思議な符号にビックリでした。

ちなみに私は日本には「月ライン」が通っています。月ライン＝人気運、著者になれると言われています。不思議ですね！

手相は何でも知っている

私は若い頃のある日、ふと思ったです。人生を明確にするために「目に見えないものを目に見えるようにすればいいじゃないか。」これです。

そうか、自分自身の一生を目に見えるようにすれば何かが分かるかもしれない！そう思って当時、中学生だった私はノートをおもむろに開いて年齢を書き始めました。

年齢を書くのは簡単でした。１５歳、１６歳、１７歳・・・と連続して書いていくだけですからとにかく簡単です。しかし、困ったことがありました。中学生の自分にとって、せいぜい大学に入学して卒業するぐらいしか遠くの未来を書くことが出来なかったのです。

それはそうでしょう。中学生の時点で自分の夢を明確にできている人のほうが圧倒的に少ないのですから。イチローや大谷翔平選手のほうが珍しいのです。

しかし、私は「ひょっとしたら人生年表は何かを使えば最後まで書くことが出来るかもしれない！」となぜか確信的に思えたのです。

そう思えた理由が存在します。実は中学生の時に手相に目覚めていたからです。手相はその人の性格や性質、考え方の傾向、行動の傾向など非常に多岐にわたり理解できる素晴らしい占いです。その上になんと手相には幸せになる年齢が出ていると手相の本に書いてあるではないですか！

そう、それが手相流年法です。

恋愛や結婚の時期、会社から独立する時期、大きな転機の年など詳しく分かる優れものなのです。その存在が私の人生年表に明るく火を灯したとてもエキサイティングな出来事になりました。今では、私はその手相流年法のおかげで、お客様に恋愛や結婚の年齢や人生の大きな転機などを伝えることが出来ています。（現在、名古屋・東京・大阪・福岡の４箇所で鑑定を行っています）

この手相流年法のおかげで人生年表に私自身も書き込むことが出来ました。中学生の頃には年齢は書くことが出来ても、その出来事を大学卒業以降のイベントを全く書けなかった私が書けるようになったのです。

これは私にとって大きな出来事になりました。私だけでなく、友人・知人の手相にも人生のイベントが刻まれていることが分かり、人生年表を書いてもらえるようになったのです。

人は目に見えないものは信じない、信じられないと言います。しかし、この手相流年法のおかげで人生のイベントが目に見えるものになります。

ここまで読まれた方は手相にそんなことが書いてあるなんて！と不思議に思う肩もいらっしゃるかもしれませんが、年齢・人種を問わず世界共通万人に、手相に人生のこれからのイベントが現れています。

手相には開運線というあなたの強い味方があります。生命線から上る縦や斜めの短い線がその「開運線」です。運命線も分岐する箇所が開運線の場合があります。

定期的にこの開運線がある方はそれこそ定期的に開運することが約束されているのですからこんなに心強いことはないでしょう。手相では恋愛する年齢、結婚する年齢、仕事で昇進する年齢、独立する年齢などが分かります。それは生命線や運命線などに出現する開運線の位置を見てその開運する年齢を算出します。

先に未来の幸せの年が明確になれば、自信がつきますし、その年を迎えるまでかなりポジティブに過ごせるというものです。実際、私の例では十八歳の時に「二十一歳の時に人生の目標が決まる！」と知ったときにその年齢に達するまでの三年間は今、振り返っても非常に充実していました。そして、実際にその年に人生の目標が定まったのです。また、手相では健康に気を付けなければならない年齢、離婚しやすい年齢、異性とのトラブルになりやすい年齢なども分かります。それらを事前に知っておけばそれに対する準備、対策が出来るのでとても便利ですし助かるのです。このように目に見えないものを目に見えるものに変換するというのが占いの良い所です。

スピリチュアルも占いも活用すれば現実をより良くすることが出来ます。またシンクロニシティ（共時性）を敏感に捉えることによって気づきが生まれます。

最後に、読者の皆様がますます幸せになれますように願い本書の終わりとします。

【著者紹介】**丸井 章夫**（まるい・あきお）

運命カウンセラー。作家。ノート研究家。手相家。

秋田県出身。明治大学政治経済学部卒。

名古屋市在住の運命カウンセラーで多くの著作を持つ。また驚くほど開運時期、結婚時期が当たると評判の手相家でもあり名古屋、東京、福岡に鑑定オフィスを持ち活動している。得意な占術は手相・紫微斗数・西洋占星術・アストロ風水。

幼少より人間の心理と精神世界に興味を持ち、小学生のころには心理学や哲学の本を読みあさるようになる。

その後、手相の知識を身につけてプロとしての仕事を始める。以来、30年以上にわたり、のべ4万人以上の鑑定数を誇る。北海道から沖縄まで申し込みをする人は絶えず、カウンセラーとしては超異例の「1日15人以上」という数字を記録することもしばしば。

著書は現在、12冊を数え、4万部突破の『引き寄せノートのつくり方』（宝島社）の他、3万部の『幸運を引き寄せたいならノートの神さまにお願いしなさい』（すばる舎リンケージ）。その他の著作は『金運を引き寄せたいならノートの神さまにお願いしなさい』（サンライズパブリッシング）、『運命のパートナーを引き寄せたいならノートの神さまにお願いしなさい』（すばる舎）、『手相で見抜く！成功する人そうでもない人』（法研）、『100日で必ず強運がつかめるマップ　アストロ風水開運法で恋愛・お金・健康…をGET！』（心交社）、『恋愛・結婚運がひと目でわかる　手相の本』（ＰＨＰ研究所）、『成功と幸せを呼び込む手相力』（実業之日本社）、『あきらめ上手になると悩みは消える』（サンマーク出版）などがある。

近著に『超絶に願いが叶ったすごい神社』『神社の神さまに会えると幸せになる』（上下巻）（共にマーキュリー出版）がある。

対面セッションは以下の３ヶ所のほか、関西では新大阪でも行っている。また通信鑑定を積極的に行っておりＺＯＯＭ鑑定も人気を博している。

東京オフィス　東京都品川区東中延2-6-16　カレーの文化2階
名古屋オフィス　名古屋市中村区竹橋町28-5　シーズンコート名駅西601号室
福岡オフィス　福岡市博多区博多駅前4-33-7　ロマネスク博多駅前714号室

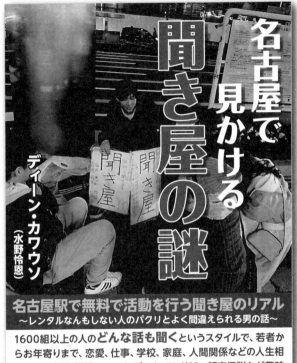

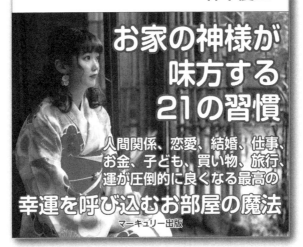

願いが叶う！スピ活のすすめ
スピリチュアルを活用して幸せになる

2021年 10月20日　第1刷発行

著 者　スピ活研究会

発 行　マーキュリー出版
名古屋市中村区竹橋町28-5　シーズンコート名駅西601
TEL　052-715-8520　FAX　052-308-3250
https://mercurybooks.jp/

印 刷　モリモト印刷

ISBN 978-4-9910864-7-2